船井幸雄
Yukio Funai

経営のコツ

99.9%成功する

ビジネス社

はじめに

今年（二〇〇〇年）三月期決算の結果を見ますと、大企業の業績は回復してきました。

しかし、現実には、大半の中小企業は四苦八苦しています。個人消費は上向かないし、大企業のリストラなど合理化のしわよせが中小企業に押しよせているからです。

その中小企業で、いま「船井流経営法」が注目されています。

「船井流経営法」を採用すると、急速に業績が回復するからです。

現に、船井流経営法をアドバイスする本家本元の㈱船井総合研究所には、いま経営アドバイスの依頼が殺到しています。

そのため船井総研の業績は経営コンサルタントの対応体制ができますと、今年後半から来年以降にかけて急上昇する気配が見えてきました。

本書は、いま注目をあびつつある船井流経営法を、わかりやすく解説し、読者がすぐ利用できるようにという目的で書いたものです。

具体的にすぐ利用できるように書きました。

本書の大半（約八〇％）は、今年のゴールデンウイーク中に書きあげてしまいました。

ただ、その後、二か月間、私自身、経営者業と経営コンサルタント業が多忙をきわめ、書く時間がまったくとれずようやく、今日七月九日に完全に脱稿したところです。それとともに、二か月前に書きあげた原稿の加筆訂正もいたしました。

七月一〇日に出版社に全原稿を渡しますので、多分、八月の中旬ころには新刊として書店に並ぶと思います。

本書は、私が経営者兼経営コンサルタントとしての永年の経験から、まとめ創った「船井流経営法」が、どのようにしてでき上ったたか、それはどのようなものなのかを時系列的に解説した本でもあります。

いま私の著書は百冊をこえていますが、本書のように、ポイントを時系列的に追って解説した著書は、初めての試みです。

その方がわかりやすく、しかもいますぐ役に立ちますし、十年たって読み返してもらっても役立つ本になるからと考えて書いたのですが、目的に沿う本になるような気がします。読者、個々人にも、すぐ役立つ本ができたと自負しています。

それらは、目次を読んでもらうだけでもおわかりいただけると思います。

ぜひ本書が中小企業経営者だけでなく、これからは中小企業の集合体とならざるを得ない大企業の幹部や、さらに読者個々人の「上手な生き方」「上手な経営法」にプラスになることを期待して、本書の「まえがき」のペンをおきます。

二〇〇〇年七月九日

東京・高輪の自宅書斎で

船井幸雄

第三章　成功するための五原則

第四章　時流は資本主義から本物主義へ

第一章

経営にはコツがある

経営コンサルタント四〇年の集大成として

二〇〇〇年という新しいミレニアムの最初の年に、**船井総合研究所**は創立三〇周年を迎えることができました。三月六日のことです。

正直なところ私は、経営者というよりも、いまに至るまでずっと現役の経営コンサルタントとしてやってきましたので、会社のことは重要な意志決定をしなければならない時以外はあまり考えることがありませんでした。自分の会社のことを気にする前に、とにかく目の前に来る経営コンサルティングの仕事をこなしていく必要があったのです。遊ぶ暇などありませんでした。とはいえ仕事だけのつまらない人生だったというのでもありません。

余計なことを考える間もなく仕事に没頭しているうちに、すぐそれが私にとって当り前の状態になりました。忙しいことが私には苦にならなくなったのです。決して言葉の上だけのことではなく、会社を創業してから今日までの三〇年間、正確には経営コンサルタントになってからの約四〇年間、私はずっと仕事を楽しんできました。

ですから船井総研が三〇周年を迎えたことも、「もうそんなになるのか」

船井総合研究所

経営コンサルティング会社。一九七〇年三月、企業経営の総合診断を主業務として日本マーケティングセンターを設立。八五年三月、商号を船井総合研究所に変更。約五一〇〇社の顧問先を有し、セミナーや研究会を通じて会員企業を組織している。小売業者に対する各種指導から、第三セクターによる大規模商業施設の開発などのプロジェクト業務まで手がける。常勤スタッフ約三〇〇名。関連会社一八社。大阪証券取引所市場第二部上場。

とむしろ他人事のように受けとめたくらいです。実際には、バブル経済崩壊後の一時期に会長と営業本部長を兼務して経営のテコ入れをしたりと、創業者として、またオーナーとしての仕事もしてはきました。しかし、私はどうも一人の経営コンサルタントだったという意識のほうが強いのです。

三〇周年だといわれて振り返ってみると、こんな私のような経営者でも、さすがに感慨が湧いてきます。

たった六人で始めた会社が、いまは船井総研とそのグループ会社で、二〇〇〇人を少し超すぐらいの従業員数になりました。船井総研だけでも社員数は三〇〇人強います。九九年度の船井総研単独での営業収益は約五二億円、経常利益はバブル崩壊の後遺症が残っていたこともあり約八億円といったところです。もうバブル崩壊の損失処理は実質的に終えましたから、これからはまた順調に伸びていってくれると思います。営業収益については、二〇〇二年に約七〇億円、二〇〇五年に約一〇〇億円という具体的な数字も見えてきました。

経営コンサルタントの経営する会社が少しも伸びていないというのでは、洒落にもなりません。伸びすぎも問題です。伸びて当然とは思っていても、この数値予測はひと安心です。

会社の三〇周年には「ああそうか」と思った私ですが、それがちょうど二〇〇〇年という区切りに訪れたことには、いささか触発されました。一九七〇年に創業したのだから、二〇〇〇年に三〇周年を迎えるのは当然じゃないか、と言われたらそれまでですが……。私は触発されるというようなことには、何か意義を感じてしまうところがあります。

そして私の経験から言いますと、こういうことには必ず何らかの意味があるものです。

いずれにしても私は、柄にもなく「経営者三〇年、コンサルタント業四〇年の集大成だ」ということで、この本を書き始めています。ふだんから構えるのが好きなほうではない私としては、これは珍らしいことです。やはり、二〇〇〇年に三〇周年を迎えたことに、何か特別の意味を感じてしまったのでしょう。

そうお断わりしたうえで、いきなり結論めいたことを記してみます。それは、

「経営を考えるときに最も大切なのは、経営はあくまで人間のやる行動であると心得ておくこと」です。

経営コンサルタントを四〇年やってきて、結局はここに行き着きました。

もちろん、これはすべての基本ということです。ここから具体的なアドバイスを引き出していって、それによって実際に顧客（相談者）の会社の業績をアップさせられなければ、経営コンサルタントとしてはやっていけません。

しかし、企業経営について長いあいだ考えを巡らせ続け、さまざまな状況に対してアドバイスをしてきましたが、いつの間にか、結局は一見すると凡庸なこの考え方に戻ってこられるようになっていたのです。

おそらくみなさんも、この本を最後まで読んでいただいた後に、再びここに戻ってこられることになるのではないかと思います。

業績をアップさせるコツ

続いて、もう少し具体的な話を書いてみることにします。

いま船井総研の顧客は、国内外を合わせて、五一〇〇社ほどです。その各社から、年間約一万件のコンサルティングの依頼を受けています。それに対して船井総研のコンサルタントは二百数十人。これだけの陣容で一万件以上の相談に応じているわけです。

依頼内容のほとんどは、当然ながら「経営が思わしくないが、どうしたらいいか」といったものになります。中には「もっと業績を上げたい」という相談もありますが、これは五～六％にすぎません。大半が、困った状況になって相談にみえる、と考えてもらっていいと思います。

これは普通なら、かなり難しい仕事です。しかし船井総研では、このような難しい仕事を年間に一万件以上受けて、失敗する、つまり顧客の期待にこたえられず業績をアップさせられないケースは、平均して年に一〇件くらいしかありません。一万件のうち一〇件くらいしか失敗しないわけですから、成功率は九九・九％ということになります。

いまの船井総研の顧客は、大半が中小企業です。中小企業の経営者は、当然ながら自分の会社のことをよく知っています。業界のことももちろん知っています。社会経験もあれば、大きな責任も背負っている人たちです。それに何よりも、自分の会社ですから、他の誰よりも愛社心にあふれています。そういう人が一所懸命にあれこれ考えてやってみて、それでもどうにもならないときに、相談にこられるわけです。

それに答える船井総研の経営コンサルタントは、平均年齢が三五歳くらい。三六歳まではいっていません。相談に来る経営者に較べたら、社会経験では劣ります。会社のことは、その経営者以上に知っているわけがありません。

相談を依頼される会社への愛社心も、どうしたってその会社の経営者に較べると足らないはずです。また、実際のところ、その会社がどうなろうと、リスクも責任もそんなに大きいわけではないのです。業界のことさえよく知らないコンサルタントが担当したりもします。

そういう特別に優秀だとは限らない経営コンサルタントが、アドバイスすることで九九・九％の確率で業績がアップするのです。アドバイスを始めてから三か月くらいのうちに、たいていは売り上げも利益も上がります。

夢のような話に思われるかもしれませんが、私は船井総研のコンサルティングの実情をそのまま言っているだけです。

ここから導き出される結論はただ一つ。経営にはコツがある、ということです。コツというのは、普通の場合誰がやっても簡単に成果を上げられる方法、のことです。めんどうな手続きが必要だったり、当り外れが多いような方法は、コツとは呼びません。

私はそういういくつかのコツを、経験上から体得し、まとめあげて「こうすれば必ず業績が上がる」という経営法の体系を作りました。それが私を知る人たちや、私の著書を読んでくれている方たちが、船井流経営法と呼んでくれているものだと理解しています。

船井総研に入社したコンサルタントの卵たちには、このコツをできるだけ早くたたきこみます。そのコツが具体的にどういうものであるかも、小売業などを例にして後述しますが、この基礎さえ体得してもらえばまずは経営コンサルタントとしてやっていけるようになってくれます。

ただし、成功率九九・九％を常に保ち続けるのは、もう一つのコツが必要です。いや、これはコツというよりもシステムの問題といったほうがいいでしょう。船井総研には、そういうシステムが確立されています。

具体的には、第一線のコンサルタントがやってみてうまくいかない時は、その上のさらにベテランのコンサルタントのところに回っていくようになっているわけです。そこでもダメなら、さらに上に行き、数は少ないですが最終的にはいまのところすべて私や小山政彦社長のところまでくるシステムをとっています。

ですから、船井総研で活躍していたコンサルタントでも、独立してしまうと必ずしもうまくいくとは限りません。

ただしそれは、私に言わせていただくと、船井流のコツを十分には理解できていなかったのだということになります。もっと正確には「コツの本質」のようなものまで理解するには、まだ経験なり素質なりが足りなかったということです。もし私と同じ程度にコツの本質を理解できていたなら、独立しようがしまいが、やはり彼は成功率九九・九％のコンサルタントでいられるはずだと思います。

ハーバード大が分析した船井流経営法

この船井流経営法については、**ハーバード大学**のビジネススクールがいろいろ研究して一つの報告書にまとめてくれたことがありました。まだ三年ほど前のことです。そのときのハーバード大の研究者で船井総研を調査してくれた担当者が、船井総研を非常に気に入ってくれて、ぜひ入社したい、とまで言ってくれました。

余談はともかく、その報告書が指摘してくれた船井流経営法の特性は、主に三つほどありました。それは企業経営の目的は社会性、教育性、収益性の追求です。この三つを上位に、しかもこの順番で置いているという分析でした。私もこの分析は正しいと思っています。

収益性が三つの中ではいちばん下ですが、だからといって企業は儲けなくていいと言っているわけではありません。企業というのは元手（資本金）が

ハーバード大学
一六三六年、清教徒のマサチューセッツベイ・コロニーによって創立され、若き牧師ジョン＝ハーバードの名を取って名付けられたアメリカ最古の大学。三五代大統領J・F・ケネディをはじめ、今日まで六名のアメリカ大統領、三四名のノーベル賞受賞者を輩出。

必要ですから、その元手に対する適正な利益は得るべきです。儲からないようなことは最初からやってはいけないし、そういう企業の存在は悪だとさえ思っています。

ただ、儲けばかりを追求していればそれでいいというものじゃない、と私は言いたいのです。

経営に関する仕事を四〇年続けてきて、ようやく見えてきたことがあります。それは、いまの社会システム下では具体的に富を生み出すものは企業しかない、ということです。少なくとも、現在の社会制度の中でいちばん効率的に富を生み出すことができるのは企業です。ですから企業はやはり富を生み出さなくてはいけない。ところが、「富」がすなわち「儲け」なのかというと、私はそれは違うと思うのです。

この富というのは何かと考えてみたとき、収益性（儲け）の上に教育性と社会性というものが必要なのです。

ちなみに、儲けるだけなら、難しくはないはずです。一般には企業の半分は儲かって半分は儲からないと言いますが、そうは思いません。儲けるだけなら、すべての企業が儲けることも可能だと思います。人間というのは、目的さえあれば、人よりも少したくさん知って、そして人より多く働こうとする努力ぐらいは、できないほうがおかしいのです。知って、そのうえで功利的に動いたら、だいたい儲かります。儲からないのは、よほど努力をするのが嫌いな怠け者なのか、目的が間違っているのか、どこかに原因があるものです。

顧問先を見ていますと、普通は、トップや社員が他の人たちよりも余計に学び、知り、働いたら儲かるようになっています。それが普通の会社だと思いますし、そうならないのは何かやり方が誤っているのだと思います。だから船井流経営法を取り入れることで、九九・九%の会社が業績をアップさせうることにもなるわけです。本当に企業は半分が儲けられないようにできているのなら、船井流経営法の成功率も五〇%強くらいしか越えられないということになります。

話を元に戻しましょう。

現在の社会制度の中で最も効率的に富を生み出せるのは企業です。しかし富というのは単に儲けることではありません。儲けるだけなら事は簡単です。たとえば船井総研でも、三〇歳前の若い社員と五〇歳以上の高齢の社員をクビにしたら、いまの利益の二~三倍になります。こんなに簡単な話はない。

しかし、そんなことは企業が持つべき社会性、教育性の二つの使命――つまり収益性（儲け）に加えてこれらを含んだものがいわゆる「富」ということになるわけです――から、それから考えても、許されることではないと私は思っています。

教育性というのは、社員を社会に役立つ人間に育てていくことです。社員の人間性を引き出し高めていくことだという言い方もできます。これは企業がいちばんやりやすいのです。本当は国や他の組織もやらなくてはならないのですが、現状では効率的にできそうにありません。私もたくさんの政治家や官僚を知っていますが、彼らは優秀ですが、企業家のように、自分の部下の人づくりに真剣になってくれないところがあります。その点、企業は真剣です。雇用によって、従業員のその日の生活がかかっていますし、それらの人たちを食べさせていかなくてはならないし、守っていかないといけないからです。だからみんな真剣ですし、何よりもトップがいちばん真剣にならざるをえないのです。

その上の社会性。これはひと言でいって、なるべくたくさんの人を雇うことです。

安易なクビ切りは恥ずべきことだと思います。企業は多くの人に職を与え、儲けを出してきちんと税金を払い、人間を育てていくものだというのが私の意見です。ハーバード大関係の人たちはいまでも時々訪ねてくれるのですが、彼らも「これからは世のため人のためになる企業が伸びる、というミスター船井の意見は正しいと思う」と言ってくれています。

企業はすなわち人なり

収益性、教育性、社会性のどれをとっても、これらをいちばん効率的にやれるのはいまのところ企業です。ここまでは、誰にも異論はないと思います。それに加えて、これは社会性、教育性、収益性の順番である、というのが私の考え方でした。こちらのほうについては、反論も少なくないような気がします。

「儲からなくては社会性も教育性も何もないではないか」。そしておそらくは、「綺麗ごとを言うな！」とも。

それはそのとおりです。

しかし、収益性のみを追求して他を顧みない企業が、伸びて伸びて大企業になったり、さらに安定して存続している例はほとんどない、という私の観測も否定できないと思います。もちろん運が良ければ、収益性のみを考えてやっていてもある程度までは伸びていくことはあるでしょう。ところが、それではいつか必ず限界が来ます。

最初は収益性一本やりでいったとしても、どこかで脱皮して社会性や教育性に目を向けていかないと、結局は行き詰ってしまうのが企業というもののようです。

もう一つの、綺麗ごとを言うな、というのも確かにそのようにも見えます。綺麗ごとというのは、理想論と言い換えてもいいでしょう。私は、「企業は利益ばかりを追求するのではなく、世のため人のためにならなくてはいけない」と言っているのですから、これはまさに理想論です。しかし、その理想論を本気で唱えているのは、四〇年間ずっとビジネスの現場でやってきた人間であるからです。

追って書きますが、私も利益最優先で突っ走っていた時期がありました。それがいま、四〇年たって結局はこの〝理想論〟に戻ってきたのです。

釣りの世界では、**「鮒釣りに始まり、鮒釣りに帰る」**というそうですが、それとよく似ています。初心者の鮒釣りと、釣り歴四〇年のベテラン釣り師の鮒釣りとは、一見して同じように見えても、自ずと違っているもののはずです。先に書いた「コツの本質」を理解しているか否か、という話とも相通ず

鮒釣りに始まり〜

釣りの格言。この場合の鮒は真鮒を指す。鮒釣りからスタートする釣人の多くは、さまざまな経験を重ねた後、結局、鮒釣りの面白さを再認識して戻ってくる。一見、単純に見える鮒釣りだが、実はきわめて奥が深いことを示している。

るところがあるのです。

その上で言いますが、やはり、企業というのは社会性と教育性を抜きにしては考えられないと思うのです。収益性のみを言いたてて社会性と教育性を抜きにする経営学者がたくさんいますが、それは正しくないと思います。

その理由を一つあげれば、人間というのは大義名分なしには、大きなことはほとんどできない存在だと思うからです。大義名分、つまり収益性だけでなく社会性や教育性を追求するという目的があれば、経営者も社員もより働く気になって働けるのです。人間は大義名分を持って自分の行為を正当化しないと上手に生きていけないようです。そして、企業活動といっても、しょせんは人間がやることですから、これは自明の理だと思えます。

そう、企業活動をしているのは、他の何者でもなく人間なのです。

人間を知らなければ、経営などできません。

人間のとる行動には原則があります。いま書いた、大義名分がなければ生きられない、というのもその一つです。よく言われる、経営者に必要な資質は人間的魅力に尽きる、というのもそうです。経営者に〝惚れた〟社員は、この人のためなら、と思うことで心おきなく働くことができるのです。ここをなおざりにしての、儲け一辺倒の経営では、人は本当の意味では動いてくれません。

船井流経営法の大きな要素に、「長所を伸ばす」というのがあります。

これは社員の人間性を向上させるときの重要なポイントであり、同時に企業の業績をアップするコツにもなります。短所についてはできるだけ触らない。改善しようなどと考えないで放っておいて、とにかく長所を伸ばすことで業績をアップする、しかも短時日にアップさせるのが船井流経営法の特徴なのです。「短所改善」とか「欠点是正」などというアドバイスは、まずやりません。長所を伸ばしてやれば、短所までが長所になるというのが私の考え方だからです。

過去四〇年間これでやってきて、ほとんどすべてのケースで成功してきました。

これも要するに、人間というのはそういうものだ、ということです。もう一歩踏み込んで書いておけば、結局、人間のとる行動はすべて自然の摂理に従っていくべきです。逆に自然の摂理にさからうような行動を強いられても、良い結果は決して得られないものです。自分の短所や欠点を矯正することは、その人にとっては苦痛であり、本来の自然の摂理に合った行動ではありません。

無理にそんなことをするくらいなら、短所など放っておいたほうがいいのです。その人にとって自然の摂理に合った行動、つまり自分の長所にさらに磨きをかけていくことが、より良い結果につながっていくのです。自然とはどうやらそうなっているようだと思います。

ここではいわば社員教育の話として書いていますが、これは企業経営でも同じです。同じどころか、企業のほうがより早くより劇的に良い結果を出してくれるということは、すでに説明しておきました。人間も企業も、自然の摂理に反することをしては良い結果が出ないという点では、まったく同じなのです。

自然体の経営ほどうまくいく

長所というのは、たとえば企業で言うなら、売れている製品、得意なジャンル、強い部署、自信のある技術などであり、そういうものに力を入れて業績を伸ばせばいいということになります。

また人間で言うなら、長所というのは、まず学習して頭がよくなる能力があること、理性があること、良心があること、創る能力があること、この四つが共通してみんなが持っているものです。だから、これらに従って生きていくことが自然の摂理に合った人間の生き方だということになります。具体的には、勉強して頭をよくして、知性的、理性的、かつ良心的に生きて、良いものを創っていけばうまくいく、ということです。

船井流経営法と呼ばれているものも、この自然の摂理と良心に合う仕組みを構築しただけなのですが、それをハーバード大の人が分析してみたら、社会性、教育性、収益性の追求の三大特徴があったということであって、発想の原点はあくまで「すべて人間を中心に自然の摂理に合わせて考えていく」ところにあります。

欧米人から見たら、それがちょっとしたカルチャーショックだったのかもしれません。

たとえば船井流経営法の重要ポイントに、「人に合わせて仕事と組織を作る」というのがあります。こういう考え方は、欧米人には理解できないようです。彼らは仕事に合わせて組織を作って、その組織に合いそうな人を採用していきます。

ところが人間はそれぞれみんな違いますから、いったん採用してみると、今度は各々がさまざまいろんなことを考えたり、したくなるというのが普通です。それなら、そうなったときには人に合わせて仕事や組織を作ればいい、と考えています。

いまは欧米流の経営法が主流ですから、欧米人ならずとも、船井流の考え方に違和感を覚える人がいるかもしれません。しかしこれは、単に発想の違いであって、どちらの考え方でやっても企業経営はできます。

欧米流の経営法については、とことん勉強しました。おかげでずいぶん喧嘩（自由競争のことです）にも強くなりました。いまでも喧嘩をしたら誰にも負けないと思います。策略、たとえば値段を安くしたり、相手の弱点をついたり、そういう競争のテクニックもよく知っています。ところが、そういう方法を駆使して勝ち続けていて、ふと虚しくなってしまったのです。

喧嘩に勝つのはいいけれど、その後で非常に後味が悪い。どうしても負かした相手のことを考えないではいられないし、人間というのは負けたり、いじめられたことは覚えていて、死ぬまで恨みを忘れない存在だからです。したがって、勝つアドバイスをするような生き方をずっと続けていくのが、人間として本当に正しいことなのか、どうか。考え悩みました。

つまり、欧米流経営法にはずいぶん詳しくなったものの、どうもいま一つ何か違うような気がしてならないところから試行錯誤をくりかえし、そこから脱皮してできたのが船井流経営法なのです。

いまになって欧米流の経営法を批判する気はさらさらありませんが、これまで書いてきたように、それは、船井流経営法とはまったくと言っていいほど考え方が違います。

欧米流では、企業経営の目的は何を置いても、収益性の追求です。その根本にはエゴがあります。具体的には、金銭欲、所有欲、権力欲、名誉欲、肉体の快楽欲……等々の追求です。しかしそれだけでは良心が痛むから、儲かったお金で社会福祉事業でもやるか、寄付するか、とそういう仕組みになっています。

目先の儲けることだけ考えていればいい。金儲けのためなら、策略、競争、搾取といった相手を傷つけるあらゆる手段を使い、それを他の何かで正当化していく。そういう経営です。

いちばんどうかと思うのは、人に対する考え方です。つまり、一握りの頭のいい人たちだけが上に立って、他の多くの人たちをそれに奉仕させるために作られた経営法である点です。端的に言えば、これは収奪のためのシステムのようにも思えます。

いまの私流に言えば、欧米流の経営法をマクロの目で見ると、自然の摂理に反しているのです。これが言い過ぎでしたら、自然の摂理をかなり歪めているように見える、と言い直しておきます。

先に強調しました「長所を伸ばす」というのも、一種の欧米流経営法へのアンチテーゼと言えるかもしれません。長所はそれぞれでみんな違いますから、各々が独自固有の長所を伸ばしてやっていけば、競合しないですみます。ビジネスは、別に競争しないでもやっていけるのです。

どうしても競争、競争の欧米流経営法でしかやっていけないのなら仕方がないのかもしれませんが、人間社会ではそんなことはないのです。人が人として参加して、それで十分にやっていける経営法。私が四〇年の間に作り上げてきたものは、そういう経営法だと自負しています。

組織づくりのコツ

この章の最初に書いたように、企業の経営にはコツがあります。そのコツで業績をアップさせられる確率は、一〇〇%といいたいのですが、経験上からは九九・九%です。このコツ自体は、欧米流経営法を採用しているところであろうが、船井流の経営法を取り入れているところであろうが、とりあえずどちらにも通用します。つまりこれは、純粋なビジネスのノウハウです。

しかし、ここから先に進もうとすると、話は少し変わってきます。

企業はより社会に貢献するためにも、業績がアップして利益が出せるようになったら、資本主義体制下ではたとえ少しずつでも成長して大きくなっていくべきでしょう。なるべく多くの人を雇って、より多くの富を社会に還元していくのが使命といえそうです。そのために必要なのは、当然ながら組織づくりということになります。

この段階に来て初めて、船井流経営法とその他の経営法の違いが、際立って表われてくるのです。組織づくりとなれば、純粋なビジネス上のノウハウとは違って、そこに否応なく「思想」が入り込んできます。もちろんビジネス上のノウハウも思想がなくては生まれてきませんが、組織づくりはこの思想を特によく理解しておかないとできないのです。

その意味では、組織づくりにもコツがあります。

詳しくは章を改めて説明するつもりです。ここでは簡単に触れるだけにとどめておくことにします。組織づくりのポイントは次の七つです。
①すばらしいトップがいる。
②人材づくりのシステムができている。

③自由である。
④一体化している。
⑤管理がよい。
⑥みんな笑顔が絶えず親切である。
⑦本物化を志向している
——こういう組織をめざすのがベストの方向となります（⑦の「本物」については第四章120ページ他を参照）。

これらのポイントのすべては、人はもちろん企業も自然の摂理と良心に従うことでうまくいく、との「思想」から出てきたものです。

儲けさえすればいいというのでしたら、①、②、③、④、⑥などは必ずしも必要ないですし、あるいは残る⑤も⑦も不要かもしれません。トップはただ金儲けがうまければそれだけでいいのですし、戦力となる人材などは育てなくてもどこかから引っ張ってくればいいでしょう。自由にさせるよりも仕事に縛りつけておくほうがよさそうだし、みんなバラバラでも結果として利益が上がればそれでいい、といった具合です。

この組織づくりのコツについては、業績アップのコツのように成功率九九・九％などというふうに数字では表わしにくいのですが、安定して伸びている優良企業を調べてみれば、ほとんどがこれに近い組織づくりをしていることがわかります。

業績アップ法と組織づくり法の二つは、船井流の原則的経営ノウハウといってもいいものです。その二つが共に自然の摂理に従ったものであることは、ぜひとも知っておいていただきたいと思います。

このように私が「自然の摂理」ですとか、「人間本来の在り方」などという言葉を多用するものですから、そんなことが実際の経営とどうつながるのかとか、あるいは船井は**オカルト**的発言で自分の説を正統化しようとしているのでは？　と言われたこともありました。そんなつもりは毛頭ないのですが、誤解されたことがあったのも確かです。人間の本質論のようなものがどうして経営に必要なのかということについては、これから本書で具体的な経営ノウハウと共にじっくりと解説しますので、ここでは〝オカルト発言〟についてだけ、あえて一言いっておきたいと思います。

人間本来の在り方というのは、何も私の想像力でデッチあげたものではありません。もう科学的に証明されていることです。人間がどういうプロセスでここまで進化したのかは、**DNA**や胎児の成長プロセスを調べてみることですべて辿ることができます。それだけでなく、これから人間がどのように

オカルト

超自然の現象や神秘的現象のこと。錬金術や占星術、心霊術などのオカルティズム（神秘学）を省略していう場合もある。

DNA

デオキシリボ核酸。あらゆる生物の遺伝的形質を支配する骨格にあたる。生命活動を維持するのに不可欠な酵素など各種タンパク質の設計図であり、それらの生産を指令、制御する暗号の役目を果たしている。

進化していくのか、その究極のところまで現代科学がはっきりと解明しつつあるのです。私はそういう分野に人一倍の興味がありますから、いち早くそれらを経営法に応用したりしてきました。

たとえば、人間は生物が存在している目的に向って進化していく地球上の究極の存在（こういう言い方がいけないのかもしれませんが……）であることが科学的にわかっていますし、それは自然のルールですから、われわれは自然の摂理に従って生きたほうがいいはずだ、と考えるのです。やがて人間は地球上の何物をも害さない。害さないどころか、つき合うものすべてをよくさせるでしょう。これからの人間の進化の方向がそうだと考えられる以上、いまの私たちも地球上のすべての物のためになるものを作り出していくべきです。

これは非常にストレートでわかりやすい考え方だと思うのですが、どうでしょう。

加えてもう一つ、次の一文を紹介しておくことにします。これは作家の**津本陽**さんが書いた松下幸之助伝『不景気また良し』の中の一節です。今年の『サンケイスポーツ』紙五月三日付に、連載の第一七九回目として掲載されていました。

津本陽
つもと・よう。日本を代表する歴史小説家。戦国時代、明治維新時代を激しく生き抜いた人物を重厚な筆致で描く。昭和四年、和歌山市生まれ。昭和五三年、「深重の海」で第七九回直木賞受賞。主な作品に「修羅の剣」「下天は夢か」など。

——わいは、親から生まれた。その親の親は、そのまた親の親から生まれた。そうして遡ってゆくと、人間の始祖は、どのようなものであったのか。誰から生まれたのか——

人間を宇宙に生み出したのは、人間の力を超える、宇宙の根元力であると考えつく。宇宙の万物は、根元力によってつくられ、「自然の理法」として、宇宙に存在するすべてのものにはたらきかける根元力により、宇宙が支えられ、絶えまない生成発展を続けているのである。

宇宙の動きに順応しつつ、万物を活用して自他ともの繁栄を導き出す本性をそなえる人間が、現実の生活ではしばしば貧困に悩み、不幸に陥り、争闘をくりかえしている。

そうなるのは、人間が自らの本質、使命を自覚、認識していないためであると、幸之助は思った。人間は、まず、自分が宇宙の根元力によって出現し、万物の進歩向上をはかる運命を授けられていることに気づかねばならない。

人間の使命を生かすのは「人間道」である。この世に一人として無用の人間はいない。誰でも何かの役に立つ。

無益、有害なものがあるというのは、その活用のしかたに、まだ足りないものがあるためだ。

経営の神様・**松下幸之助**がこのような考えに至ったころには、まだDNAの研究もそんなに進んでいなかったわけですから、これは彼のまったくの直観力の産物だということになります。見事というほかはありません。

直観力ついては後で触れますが、ある一定のレベル以上に達した人には、他の人には見えないものがはっきりと見えることがあるようです。生前の松下幸之助から面と向かって、「宇宙の根元力」の話をされたら、ほとんどの人は、それなりに信じたと思います。その点、科学的根拠にもとづいて話しても批判的に「オカルトだ」と言われるいまの私は、まだ欠点の多い人間だといえそうです。

伸びる原則はいつの時代も変わらない

この章の最後として、おそらく多くのみなさんが抱いていると思われる錯覚について、書いておくことにします。

現代のようにめまぐるしく移り変わっていく激動の時代に生きていると、常に「時代に置いていかれてしまうのではないか」との不安に襲われるものです。経営法にしてもそうで、自分の学んできた手法はもう時代遅れで、い

松下幸之助
まつした・こうのすけ（一八九四〜一九八九）。戦後を代表する経営者。和歌山県生まれ。苦学して関西商工学校夜間部予科を卒業。一九一七年改良ソケット（二股ソケット）を考案し、一八年に松下電気器具製作所を創業する。自転車用ランプ、ラジオ生産で発展、総合電機メーカーとなった。一九三五年、松下電器産業に改組。「ナショナル」ブランドの松下電器グループの総帥として、同社を世界的なメーカーに育てあげた。独自の経営理念を持ち、四六年PHP研究所、七九年松下政経塾を設立するなど、文化的活動も行った。

までは通用しないのではないか、と不安に思っている人がたくさんいます。

これが錯覚なのです。

もちろん、その時代時代に新しい経営法と称するものは、どんどん生まれてきます。そして、これが肝心なことなのですが、そういうものの大半は、何年かするといつの間にか消えていってしまうものです。その新しい経営法なるものに飛びついた人たちは、いい迷惑だったということになります。

どんなに時代が激しく動いていようと、いたずらにうろたえることはないのです。

私は、経営法には二つの要素があるべきだと思っています。一つは時流に対応できること。もう一つは、時流に関係なく通用する原理原則がきちんと確立されていることです。多くの人は、このうちの時流に対応できることというほうに、より強い関心を示します。時流にとり残されるのが恐いという気持が、そういう傾向として表われてくるのでしょう。不安が人間の本質のようですから、無理もないことかもしれません。

しかし、それはちがっています。

両方とも大切なことには違いないのですが、不変の原理原則がまず重要であると確信しています。原則的な面のぜい弱な経営法というのは、いくら魅力的であなたを成功に導いてくれそうに見えても、しょせん一時のアダ花です。それこそ、いったん時流が変わってしまえば、あっけなく消えていってしまいます。

一見すると地味ではあっても、不変の原理原則が確立されている経営法のほうが、だんぜん強いのです。それに加えて時流に対応するノウハウも持っているなら、こういう経営法はずっと生き続けます。いくら時代がめまぐるしく変わろうが、時流などに惑わされなくてもいいのです。

船井流経営法には、時流のつかみ方がノウハウの一つとして含まれています。もちろん、いつの時代も変わらない「伸びる原則」が含まれているのは当然です。

たとえば、先に例として出した欧米流経営法も、広い意味での時流にそった経営法といえます。「企業の目的は利益の追求のみ」という最近の風潮にはうまく合う考え方です。これに従えば、目先の利を追えばいいわけですから、かのバブル経済のときには土地や株の投機に、積極的に打って出るのがよいことです。それによって一時的には大儲けしたことと思います。

しかしそれらの大半の企業や人はバブル崩壊後には、一転して地獄に落ちたのではないかと思います。

最近では**ＩＴ株バブル**がありました。欧米流経営法なら、これにもＧＯサインだったはずです。みなさんご存知のとおり、こちらもさんざんな結果に終わりつつあります。

結果論から言うのでは決してなく、船井流経営法では、バブルにもＩＴ株ブームにも危険信号を灯していました。基本的に「本業以外では儲けようとしないほうがいい」という考えですから、土地や株の投機には走らないほうがいいという発想でした。それでも船井総研でさえバブル崩壊の後遺症はかなりあったわけで、もし本業に関係のない土地や株に借金までして手を出していたらと考えると、いまでもゾッとします。

そういうわけで、ＩＴ株バブルについては、船井総研は無傷ですみました。

ＩＴ関連のビジネスそのものについては、時流の読み方に従うと、無関心でいられるものではありません。これは明らかに大きな時流です。デジタル革命は今後しばらく続きますから、目が離せません。船井総研でも、船井情報システムズ（ＦＩＳ）を設立して対応しています。本書でもそれなりのスペースをさいて論じてみることにしました（第六章）。

常識的にみましてＩＴ革命は必ず来ますが、ＩＴビジネスは世の中で騒いでいるほど儲からないし、特別の存在ではないのではないかと思います。も

ＩＴ株バブル
一九九九年三月のゼロ金利政策以降、あり余った投資マネーが玉石混交のＩＴ企業（ネット関連）株を買い漁り、局地的なバブルが発生。同年一二月、新市場・東証マザーズの開設直後、その熱狂はピークに達した。しかし、二〇〇〇年三月以降、高騰した株価は軒並み急落。ひと括りにされがちだったＩＴ企業の厳しい選別化が進んでいる。

っと大きな時流でいえば、デジタル全盛の時代は近未来に終り、今度は、一次元上のアナログが台頭してくるでしょう。そのためにも、これからはデジタルとアナログが共存する時代になる、というのが私の予測、あるいは確信です。

この章では船井流経営法の概略をざっと説明してきましたが、お断わりしておきたいことがあります。それは欧米流経営法についてです。船井流と較べる形で書きましたが、欧米流経営法からたくさんのものを学ばせてもらっています。そこから脱皮した、とは書いたものの、欧米流の良いところまで捨て去ったわけではありません。

企業も人、経営も人です。私という人間も四〇年前と較べたら、ずいぶん変わったと思っています。それと同じように、船井流経営法というのも、いろいろと変化しながらいまの形になったわけです。その変わっていく過程を追ってみることもやってみたいのですが、それは次章に譲ることにします。

ここでは、経営には必ずコツがある、ということをわかっていただければと思っています。

第二章

船井流経営法ができるまで

私が経営コンサルタントになった理由

四〇年ほど前、経営コンサルタントを始めたのは、いま思えば「生きていくため」というのがいちばんの理由でした。大学を卒業したときは新聞記者になりたいと思っていましたから、経営コンサルタントになったのは私自身にとってても思いがけないことだったのです。

しかし、こうして四〇年たってみると、まるでこうなるのが必然のことだったようにも思えます。

それはおそらく、四〇年かかって作り上げたというかまとめあげた経営法が、そのまま私自身をみるようだからです。私の変化に応じて、提唱する経営法も変わりました。自分でアドバイスし提唱してきた経営法というのは、私自身です。切り離して考えることはできません。

少し抽象的な言い方になってしまいましたが、要するに私には経営コンサルタントという仕事がぴたりと合っていたようなのです。何も知らない初めのうちは、米国流経営法の教科書以外は決った先生もいませんでしたし、さすがにとまどいました。それが、目の前に来た仕事を夢中になってこなしているうちに、どんどん面白くなってきたのです。中途半端な仕事をするのは性格に反します。否応なく勉強もしました。仕事を通じていろいろなことを知るようになると、今度は使命感のようなものさえ湧いてきました。

それからはもう、船井幸雄という「人間」と、経営コンサルタントという「仕事」とが、どうにも引きはがせない毎日を送ってきました。ぴたりと寄りそっているうちに、ついには一体化してしまったような感じなのです。

ですからここでは、船井流経営がどうして生まれたかを知っていただくために、私のこれまでの足取りを簡単に書いてみたいと思います。船井流経営法とこれまでの人生とは、まったく同じ意味を持つものともいえるのです。

私は昭和八年に生まれました。生地は大阪府松原市別所。いわゆる河内というところです。

生家はどちらかというとかなり豊かな農家で、代々地元の氏神・**熱田神社**の管理も任されていました。私は船井本家の長男ですから、立場としては跡取り息子でした。そのままいけば、熱田神社の神主になっていた可能性も強かったわけです。

ところが私が小学校一年生のとき、太平洋戦争が始まろうとしていたころ、ちょっとした事件を起こしてしまいました。熱田神社には地元から出征して

熱田神社
主祭神は草薙剣を神体とし日本武尊を祭神とする熱田大神。

（写真は昭和二五年高校三年生の時。右は後に検事になった親友の山本達雄氏）

いく兵士たちやその家族が、毎日のようにお参りに来ていて、その祈る姿は真剣そのものでした。それを見ていて、私は「大人たちがあんなに真剣に拝んでいるものって、いったい何だろう」と、がぜん好奇心が湧いてきました。

そしてついに好奇心おさえがたく、ある日神殿の中に入ってご神体を見てしまったのです。そこには古い刀が一本、入っていました。「何や……これがご神体か……」。いつも、何よりも尊い大切なものと聞かされていましたから、とても拍子抜けしたのを覚えています。そこを父に見つかり、「このバチあたり！」と目から火が出るほど殴られてしまいました。

そのことがあって、私は「絶対に神官になんかならん」と子ども心に決心したようです。古い一本の刀になぜ頭を下げなくてはいけないのか。それがどうしてもわからない。自分で論理的、合理的に納得できないことには従わないというのは、持って生まれた性格で、いまも少しも変わっていません。好奇心旺盛なのもそのままです。

この体験のせいか、また敗戦後の風潮のせいもあると思いますが、大学に入るころの私はバリバリのマルキストになっていました。いまではフシギな現象の研究が好きで、「オカルト好き」などと言われたりもしますが、もともとは極めつきの唯物論者だったわけです。

大学は**京都大学**農学部農林経済学科を卒業しました。家が農家で、自分はどうやらマルクス主義者だしと、まあその程度の動機でした。大学では「よく酒を飲んだ」という思い出。そして実家の農作業をよく手伝った、というよりも農作業のあいまに大学に通っていたようなものだな、ぐらいの感想しかありません。ごくごく平凡な学生時代だったと言っていいと思います。

　ただ、言ってみれば何の気なしに学んだ農業経済については、いまではそれが偶然ではなく必然だったということがわかりました。それは文科系でもあり理科系の学問でもあります。京大という自由な学風の大学、農学部という自然を知らねばならない学部、しかも経済と経営と農学という幅広いものを学んだのはプラスになりました。普通、経営コンサルタントになるような人は、経済学部とか経営学部、あるいは商学部といったところを出ています。私のように農学部出身などというのは稀な存在です。

　それだけではなく、私はもうすぐ農業が日本でも改めて注目されるようになると確信しています。注目どころか、アグリビジネスが興隆するかどうかが日本の生命線だと言われる時代が、遠からずやってくるような気さえするのです。そのとき、こと農業に関しては、私がかなり役に立てそうだと思っています。実際にいまでも、儲からないはずのアグリビジネスの中から、**子**

京都大学

明治三〇年（一八九七年）、京都帝国大学として創設。その後、理工科大学、法科大学、医科大学、文科大学を設置して総合大学に。大学の発展とともに、経済学部、農学部を設置し、第二次世界大戦後に教育学部、薬学部を新設。昭和二二年、京都大学に改称。平成四年には教養部を改組し、総合人間学部が発足。湯川秀樹、福井謙一、朝永振一郎、利根川進がノーベル賞を受賞。

（写真は京大三回生の頃）

持自然恵農場（群馬県）、**埼玉種畜牧場**（埼玉県）、**伊賀の里モクモク手づくりファーム**（三重県）……など、不況下にもかかわらず伸びてきたところが少なくないのです。例にあげたところはいずれも私と親しいところで、全国の農業関係者が視察に訪れるなど、先進的アグリビジネスはなかなか活発な動きをみせています。

私が農学部を選んだ昭和二〇年代半ばの日本の農業人口は七〇％くらいでしたが、大学を卒業した昭和三一年ころから、高度経済成長を経て、日本の農業は衰退する一方で、いまの農業人口は数％以下です。ともすれば自分が農学部出身だということを忘れてしまうような時期が続きましたが、ここにきて（ああ、やはり農学部に行って学んだことには意味があったんだ）と、改めて知らされる毎日を最近は送っています。

先にも書きましたが、世の中でおこることはすべて必要で必然であり、偶然だとは思えないのです。

若くして「大先生」となる

大学は卒業したものの就職難の時代で、志望していた新聞社でも記者を募

子持自然恵農場
農業生産法人。生方彰代表。天然素材の無農薬飼料と独自の飼育法による自然養鶏を行うこの農場で採れる卵は「子持生命卵」と命名され、「安全でおいしい卵」として大好評を博している。

埼玉種畜牧場
「サイボク」の名で知られる。笹崎龍雄社長。「緑の牧場から食卓まで」をスローガンに、養豚の生産から食肉加工、販売までの一貫経営を手掛けるユニーク企業。獣医師でもある笹崎氏は日本における養豚ビジネスのパイオニア的存在として有名。彼の著書「養豚大成」（養賢堂刊）は養豚界のバイブルと呼ばれ、数か国語に翻訳されている。

伊賀の里モクモク～

集しませんでした。そこで仕方なしに、大阪の朝日新聞社でアルバイトを始めました。仕事は『週刊朝日』の読者ハガキの整理です。正直なところ、退屈きわまりない仕事でした。

そんなことでウンザリとし始めていたとき、街で思いがけない人に声をかけられました。

住友財閥の大幹部だった**三村起一**という方で、大学時代に付きあいが少しあったのです。当時、マルキストの私（そういえば私の卒論は『経済外強制と封建制』というものでした）は、生意気にも資本家の三村起一さんを真正面から批判しました。人の縁とは不思議なもので、そんな私の生意気さが印象に残ったという三村さんには、その後も何かと知遇を得ることになったのです。

当時の私は知りませんでしたが、三村さんは日本の職場安全運動の草分け的な人でした。職場の安全管理という概念を、すでに大正時代から労務管理の中に位置づけていたといいます。そのときの三村さんは財団法人安全協会の会長をしていました。この方との出会いが、私の人生にとって大変に大きなターニングポイントの一つになったわけです。

結局、いまでいうフリーター生活は一か月間ほどのことでした。

農業組合法人。木村修社長。「農作物や農産加工品は地域内物流が原点」と考えた木村氏は、地域を限定することで本物の食品を消費者に提供でき、農業がビジネスとして成立することを実証してみせた。同ファームでは豚の生産、ハム・ソーセージの製造、地ビール醸造、レストラン・ビアホール経営や公園運営まで、すべて農業ととらえている。

三村起一

みむら・きいち。経済人。東京都生まれ。大正三年、東大独法科卒業後、住友金属入社。住友鉱業社長、住友機械会長、鴨川化工社長、日本冶金工業社長・会長等を歴任。昭和四〇年、石油資源開発社長、昭和四二年、石油開発公団総裁。勲一等瑞宝章を受章。工業技術協議会、中央労働災害防止協会会長を務める。

安全協会では、産業心理の研究など、新しいことを学びました。初めての就職です。ここでは「能率」を中心に、「安全管理」、「工程管理」などの勉強をさせてもらいました。また安全協会と交流があったワシントン大学の**ローゼンツヴァイク教授**に師事できたのも幸運でした。教授は当時の産業心理学の第一人者です。ローゼンツヴァイク教授の理論にはたちまち夢中になって、それこそのめり込むようにおぼえました。

このときの経験が私の経営コンサルタントとしての基盤を作ってくれたと思います。

一方で、雑誌の編集長もやりました。安全協会の機関誌だった月刊『安全衛生』と、もう一冊『人間と経営』の編集長のかけもちです。もともとジャーナリスト志望で、こういう仕事は嫌いではありません。それに、多くの人に読んでもらうために、〝難しい理論をやさしく表現する〟ことをおぼえました。訓練にもなったのではないかと思います。

この雑誌編集長時代には、安全協会のコンサルタントとしても駆り出されるようになっていきました。ヴァイク教授の理論は当時としては最先端のものので、取引先の企業の担当者にしてみれば、見たことも聞いたこともないものですから、私の話は新鮮そのもの。それを私流に料理して開陳すると、誰

ローゼンツヴァイク教授
J・E・ローゼンツヴァイク。ワシントン大学で日米労働者のフラストレーションテストを実施する。著書に「経営システムと理論のマネジメント」などがある。

もが感心してくれました。

国鉄や八幡製鉄さえそんな調子でした。立派な料亭に招待してくれて、まだ二〇代半ばの私を「先生、先生」と大先生扱いしてくれるのですから、気分の悪かろうはずがありません。

しかしこれは、話のレベルがそれほどに高かった、というわけでもなかったのです。

というのは、私はもうこのころにはすでに頭がかなり禿げていて、体型もいまと大差なく小さくてコロッとしていました。実際の年齢よりもはるか上に見られるのが常だったのです。企業の担当者のほうで、勝手に「安全協会のベテラン・コンサルタントが来てくれた」と間違えたのだと思います。

同じことを喋っても、実寸の二〇代の若者に見られていたら、担当者はあんな扱いをしてはくれなかったはずです。

実際それからも、同じような経験が何度かありました。この後に間もなく経営コンサルタントの仕事を始めることになりますが、その顧客からだいたい初見で気に入ってもらえました。そしてある程度のおつき合いを経た後で、私の年齢を知ると、みなさんが一様に「え?」という顔をなさる。みんな自分よりも年上だと思い込んでいたらしいのです。大半の人は、私の生年を昭和八年でなく、大正八年と勘ちがいされていたのです。

中にはストレートに、「船井先生がそんなにお若いと知っていたら、私はまともに話を聞こうとしなかったでしょうね」と言った方も何人かいらっしゃいました。

思いがけないことですが、禿げ頭と小太りの体型が、若い経営コンサルタントにとっては強力な武器となってくれたのです。いまはもう見かけに年齢が追いついて、年相応よりむしろ若く見られるようになりましたが、私は長い間典型的な〝老けてみられる〟男でした。

これは若い男にとっては致命的でさえある欠点です。ふつうは禿げ頭と短軀小太りでは、まず女性にはもてません。しかし仕事の上ではそれが大きく幸いしたのです。自分では「欠点」だと思っていたことが、実は「長所」だったのです。おもしろいものです。

船井流経営法の考え方に、短所など触らずに放っておいて長所だけをさらに伸ばすといい、そうすれば短所も長所になる、というのがあります。

私のケースはそれとは少し違うかもしれません。しかし、私の場合も仕事の力量を必死に磨いて常にレベルアップしてこなかったら、いくら見かけで得をしていたといっても、すぐに化けの皮が剝がれていたでしょう。ビジネスはそんなに甘くありません。さらに言えば、仕事もできて容貌もすばらしい、という男だったらどうでしょう。女性にはモテたかもしれませんが、そういう場合の容姿端麗は仕事上ではかえってマイナスになるものです。仕事がきちんとできてそれなりに自信のある男であれば、容姿の欠点はむしろご愛嬌というのが人の世だと、いまでは思っています。

生まれついての身体的な特徴は、いまさら嘆いても仕方ありません。何か一つでいいですから他の人に負けない「得意技」を身につけて自信を持てば、そんなことは気にならなくなりますし、かえって長所となることもあるようです。これは、あなたが部下を育てる立場の人であれば、よくわかっていただけると思います。

不遇時代のこと

楽しかった安全協会時代でしたが、五年ほど勤めたところで辞めました。このころ知り合った仲間と、宣伝販売中心の経営コンサルティング会社を設立したのです。

これからしばらくは、かつて私を題材にして人物論を書いてくれたジャーナリストが「不遇時代」と表現した一時期になります。

確かに、やることなすことうまくいかないときというのはあるものです。まだ昭和三〇年代のことで、経営コンサルタントという仕事に時代が味方してくれなかったということもあったと思います。

このころはまだ、知識・情報・アイデア・ノウハウといった目に見えないものにお金を払うという習慣が、よく浸透していない時代でした。ちょうどコンピュータが出回り始めたころ、ソフトはハードのおまけ扱いでお金にはならなかったのと同じです。要するにコンサルティング料の相場が安すぎました。

いまの私流に言えば、時流に乗っていない商売でした。正確には、のれんも看板もなしに始めるには少し早すぎる商売でした。

しかし私も若かったし、自分たちの会社であるということもあって、朝から晩まで本当によく働きました。それでも一〇人ほどの社員に給料を払うと私たちの分がない、という状況でした。自分たちの会社の運転資金を得るために、他の会社に勤めに出たくらいです。そのおかげで衣料スーパーのマルハツ、水道用品卸の高木産業などにお世話になりました。私が小売業や卸業のコンサルティングが得意なのはそのせいですが、世の中、何が幸いするか分らないものです。

結果はともかく、初めて持った自分たちの城を守るためだからこそ、あれだけ働けたのだと思います。

そんななかに、父が倒れました。直腸ガンでした。私は長男です。ともかく実家に帰らなくてはなりません。

ここから先は、少しの間プライベートな部分に触れさせていただきます。船井流経営法の話をしなければならないのは承知していますが、こうしないとどうしても話がつながらないのです。仕事に私生活を持ち込まないのが原則だとしても、人間にはそれをあてはめようとしたら辛すぎるような状況が、時として訪れます。あのときの私がそうでした。

私は安全協会にいたころに二六歳で職場の部下と結婚していて、父が倒れたときには小さな子どもが一人いました。妻とその子を連れて実家に帰ったのです。妻のお腹の中には、二番目の子どもが宿っていました。

実家に帰ってからは、会社の仕事のあいまに農作業をするという生活でした。

当時のガンは不治の病です。父はやがて、回復することなく逝きました。私とはよく衝突していた父でしたが、そういう存在だったからこそ、よけいに寂しい気分でした。

それから少し後の――、あれは一二月も中旬に入ったある日のことです。私と妻は庭で稲の脱穀作業をしていました。ところが、昼になり、いったん食事の仕度で台所に入った妻が、しばらくしてまたふらふらしながら庭に出て来ると、「急に目の前が暗くなったの」と言ったまま、その場に倒れ込んでしまったのです。

過労だろう、ずいぶん苦労をかけてしまったからな……。

私は近所に住む伯母に妻を病院に連れていってもらうと、正月も近いので遅れたままの農作業をそのまま続けました。お腹に子どもがいるせいもあるのだろうか、などと考えながらも、夕暮れまで作業をしてから妻の帰りを待ったのです。

しかし、妻はそのまま帰ってくることはありませんでした。

その夜、伯母からの電話で妻の死を知らされたとき、私はどんな反応を示したのだったか。記憶は完全に欠落しています。我に返ったのは、二歳だった息子が私にまとわりついて泣き出したときです。息子をあやしながら、突きつけられた現実の重みに私は震えるしかありませんでした。二歳の息子を残し、二〇代半ばの若さで、お腹の子どもと一緒に妻は逝ってしまった……。

私のせいに違いないのです。

妻は若くして私と結婚しました。安全協会にいたころはまだしも、独立してからは貧乏のドン底でした。お金はない。私はいつも忙しく外を走り回っていて、夜もいつ帰ってくるかわからない。一人で子どもを抱えて、心細い毎日だったはずです。何ひとつ幸せを味わうことなく死んでいった妻。我が身の無力と情なさに、さすがになかなか立ち直ることができませんでした。

このとき私は二九歳でした。

とはいえ、私の気持には関係なく、やらなければならないことは山積しています。会社の仕事、農作業、小さな息子を抱えての悪戦苦闘の日々が始まりました。多くのジャーナリストが書いてくれているように、このころはまさしく不遇時代を絵に描いたような有り様でした。真っ暗闇だったと言っていいでしょう。

ところが、突然のように、その暗闇に光が射し込んできました。

「私がお嫁さんになってあげる」

現在の妻・和子がそういって、きてくれたのです。彼女のことは結婚前からよく知っていました。文学少女で特に気があい、私は彼女を大事にしていました。八歳年下です。妹のようなかわいい存在だったのです。それだけに、かわいくは思っていても、すでに結婚していましたので結婚の対象としては考えたこともありませんでした。

しかし、こんなにありがたい話はありません。妻を亡くして小さな子どもを抱え、仕事もうまくいかずに貧乏しているやもめの中年男のところに、二〇歳そこその初婚の女性が嫁に来てくれるというのです。なぜそんな気になってくれたのかと聞くと、そのときもそうでしたが、いまも彼女は「だって、見ていられなかったもの」と答えます。

彼女との結婚を機に、私はそれまでの自分に関わるもので清算できるものは、すべて清算することにしました。一からの出直しを決心したのです。

昭和三九年、当時の日本では大手だった**日本マネジメント協会**に、経営コンサルタントとして入社することになります。

船井流経営法完成へのスタート

もう恐いものなどありませんでした。

なにしろ三～四年地獄を見てきたのです。そして、そこから這い上ってきました。あれ以上に辛いことなど、その後の波乱万丈の人生でもありません

日本マネジメント協会
大阪市西区に本社をもつ経営コンサルタント会社。経営革新と人材開発のための調査・診断とコンサルテーションを活動の中心に置く。（写真中央、日本マネジメント協会時代）

でした。こういう人間は強いようです。なぜなら……、などと理屈をつける必要もないでしょう。

経営者も同じです。成功体験しかない経営者よりも、できるなら一度くらい経営者として大きな失敗を経験していたほうが望ましいようです。そういう人は、いざというときに小心、あるいは細心になることができますし、逆に勝負どころとなったら必死の頑張りを見せてくれるようになります。

私も、仕事の苦労だったらたいていのことまで耐えられる自信ができていました。

日本マネジメント協会は、企業内教育とセールス教育、特にルートセールスのコンサルティングが中心のコンサルト会社でした。私が入社したころは、販売促進にはそんなに強くありませんでした。私はそれまで宣伝や販促、特に小売や卸の仕事もしていましたから、マーケティングや流通には強かったのです。そちらの仕事を担当することになりました。

私が注目したのは繊維です。繊維関係の卸問屋が集まっている「どぶ池」と呼ばれる地区へ日参して、情報収集することから始めました。いまでもそうですが、私は興味を持って勉強し始めると、たちまち他人さまの何倍も詳しくなる能力があるようです。

前の会社からの顧客だった東洋レーヨンや帝人、日本レーヨン、あるいは鐘紡や東洋紡といった繊維メーカーが、そんな私を大事にしてくれ、活躍の場を与えてくれました。私は一社のすべての販促コンサルティングを元請けでやる形をとり始めましたが、これはたぶん私が最初に始めたやり方だと思います。先にも書きましたが、販促のほうはマネジメント協会では最初から私がトップみたいなものでしたから先生もなく、丸抱えした会社のことすべてを、いやおうなく自分一人でやらなければなりませんでした。

やっているうちに、だんだん使命感のようなものが湧いてきて、それからはずっといまに至るまで、目の前に来た仕事は責任をもって処理するくせがつき、よほどのことでないと断わったことがありません。当然ながら時間がなくなります。ですから昭和四二年ごろからこちら、ゴルフもパチンコも、カラオケも縁がありません。旅行も仕事以外ではどこにも行ったことがないといってもいいくらいです。やがて部下ができるようになると、任せられることは任せるようになりましたが、それでできた余裕のぶんは自分には新しい仕事が入ってきましたから、いつのころからか私の一日は寝ているとき以外は仕事一色に染まってしまいました。

いまでは朝食が五分間くらいで、昼食を抜いて、それでようやく夜寝る時間を確保できるというところまで忙しくなっています。それをずっと見てきた妻は私のことを、休憩とレジャーがいらない人間だと評しています。言ってみれば、どこを切っても「仕事」と書いてある混りっ気なしの仕事人間ができ上ってしまったようです。

私の感覚としては、目の前の仕事に全力投球してきただけなのですが、そのスタートがこの日本マネジメント協会に入社したときだったことになります。

最初のころで印象に残っている仕事は、ある繊維メーカーが新規事業としてアパレルメーカーを立ち上げた際に、その企画段階から関わって戦略をアドバイスしたときのことです。

私は新会社の社員たちに、髪の毛を長くし、口髭をたくわえるよう求めました。いまは髭の社員も珍らしくはありませんが、そのころは考えられないタブーでした。とまどう彼らに言いました。

「君たちは大手の繊維メーカーから来て、今度はファッション業界という新しい世界で仕事をしようとしている。いままでとはまるきり違う水の中を泳いでいかなければならない。頭の中の知識や理解だけでは、それは不可能です。まず体そのものが新しい水になじまないと、どうにもなりません」

長髪の髭社員たちは、当時のことですから、周りからは「お化け」とまで呼ばれたりしました。しかし、新会社のほうはあっという間に年商何百億円にまで急成長してくれたのです。

もともとこういうアイデアを出していくのは得意でしたが、あの「不遇時代」の前と後では、どこかが変わったのだと思います。それまでも机上の空論や、どこかから直輸入した新理論といったものは実務家として、そんなに信じていませんでしたが、職業がら、まず理論武装をしました。ところがどうやらそこから一歩抜け出せたといいますか、「企業活動は人間がするもの」という考えがより徹底されてきたのです。

船井流経営法の原型のようなものが、ようやく形を整え始めたといえるようです。

夢中で仕事をこなしているうちに、私は繊維業界とファッション業界では、トップ・コンサルタントと呼んでもらえるようになっていました。仕事の依頼も増えるばかりです。それらをすべて引き受けるだけでなく、さらに外へも活動の場を求めました。NHK教育テレビの『**経営マネジメント講座**』に出演し始めたのも、このころです。

マネジメント協会内では、理事になり関西事務所の責任者という立場にな

経営マネジメント講座
昭和四一～四四年放送。
（当時のNHKの前で）

りました。私が三四歳のときですから、入社して三年目だったことになります。

経営コンサルタントの概念を作る

マネジメント協会内で責任者の立場になってからは、また違った次元の仕事を手がけることにしました。それは、いわば経営コンサルタントという仕事はどういうものなのか、その概念を確立する作業だったと思います。

担当企業のコンサルティングをするという従来の仕事も、もちろんそのまま続けました。

それと並行して、仕事のやり方を変える作業にも着手したのです。そのころの経営コンサルタント会社はどこも、営業マンが仕事をとってきて、それをコンサルタントに渡すという形でした。経営コンサルタントは営業マンが仕事をとってくるのを待って消化するだけという意味で「芸者」などと呼ばれていました。誰もがそういうものだと思い込んでいたのですが、私はそれはどうも合理的ではないと、ずっと感じていたのです。

責任者の立場になった機会に、これを改善しようと思いました。営業マンには営業先で経営内容についての専門的なトークをするのは無理です。それができるのはやはり経営コンサルタントなのですから、経営コンサルタントが営業に行くほうがいいに決っています。そこで私は、営業と経営コンサルタントの仕事を一本化しようと提案したのです。

しかし身についた習慣というのは恐ろしいもので、当時の多くの経営コンサルタントは私の言うことを頭では理解できるようなのですが、実際の反応はどうも鈍いのです。私自身は自ら営業に出てそれを実践したのですが、結局、そのときの日本マネジメント協会にはついにこのやり方は根付きませんでした。

いまは私が言うような形がかなり普及しています。ちょっと考えてみれば誰にでもわかることで、客のニーズや営業の苦労も十分に知らないでアドバイスをしても、企業の業績を簡単にアップさせられるはずがないのです。

他にも私が始めたことがあります。勉強会や研究会です。

これもいまはごく一般的なものになりました。その業界に詳しい著名人を講師に招いて、話をしてもらう。この講師は当然、なるべく集客力のある人がいいわけです。そして話が終ったら、主催者の経営コンサルタントが登場していって、その話にそってコンサルティングふうのまとめをします。

会は有料ですから、費用はかかりません。出席者は中小企業の経営者が多かったのですが、彼らが勉強会や研究会を機に顧客になってくれることも少なくありませんでした。おまけに私や所員にとっても、講師の話を聞くことは勉強になります。

誰も損をしないどころか、会を充実したものにできさえすれば、みんなが得をするわけです。

これはちょうど、民放テレビのからくりに似たところがあります。スポンサーからお金を集めて番組を制作し、視聴者には無料で観てもらう。みんなそれを当然だと思っていますが、これは誰が考え出したのか天才的な発想です。なにしろ誰も損をしません。

私が始めた勉強会や研究会の究極の形は、いま船井総研が年に一度開催する**フナイ・オープン・ワールド**として結実しています。各種のセミナーによる一大イベントでこれには、二日間で全世界から三万人くらいが参加してくれますが、これも元はといえば、私の「もっと勉強したい。もっと仕事もしなくちゃいけない」という切実な思いの産物だったこの勉強会や研究会から始まっているわけです。

あれやこれやで、日本マネジメント協会関西事務所の業績は、どんどん伸

フナイ・オープン～

一九九五年に第一回を新高輪プリンスホテルで開催し、九九年第六回をパシフィコ横浜で開催。二〇〇〇年九月も同所で開催予定。過去の講演者にグラハム・ハンコック、高木善之、森田健、前田日明らがいる。

びていきました。

もちろんそれも喜ばしいことに違いないのですが、いまになってみればそれよりもむしろ、まだ得体の知れない海のものとも山のものともつかない存在だった経営コンサルタントの仕事に、「こういうものだ」という形を与えたことが、功績といえば功績といえるのではないかと思います。

「不遇の時代」を抜けてからの私は、確かに順調でした。その大部分は、妻、和子のおかげだと思います。しかし、光の部分もあれば、やはり陰の部分もあります。

そのころ、業界に「船井に相談した企業はつぶれる」との風評が立ちました。あえて恥をさらしますが、これは事実です。私が懸命になって戦略を立ててアドバイスしても、あえなくつぶれていった企業もまた、少なくありませんでした。経営コンサルタントの概念を作ったなどと言いながら、一方では目の前の仕事にも失敗するという現実が多くあったのです。

成功率九九・九%の船井流経営法などは、まだまだ先の話のことでした。

思うように業績をアップさせられないで会社をつぶしてしまうというのは、もちろん当の経営者と社員およびその家族がいちばん辛いのですが、コンサルタントもまた深く傷つくものです。仕事する苦労は平気ですが、自分の力が及ばずに不幸になっていく人を見ることには、いつまでたっても慣れるということがありません。

私が担当して救えなかったのは、同じ繊維業界の中でも、メーカーではなく小売業であるケースがほとんどでした。明確な原因らしきものもありました。大手メーカーで成功した手法を、小売業にもそのまま当てはめてアドバイスしたからだ、と思うのです。しかしそれにしても、その同じ手法でアドバイスした小売業の中でも、つぶれるところと伸びていくところに分かれていくのはどういうことか。真剣に考え始めました。

これまで担当してきたさまざまな企業を頭に思い浮かべ、徹底的に比較検討するのが習慣になってしまってから約半年。ポロッ、という感じで答えが転がり出してきたのです。

——会社の命運は、九九%までトップで決まる。

ではなたして、どんなトップであれば会社は伸びるのか？

——素直で、勉強好きで、プラス発想する人間であること。

このときに得た結論は、現在もそのまま船井流経営法の中心にあり、われわれの確信ともなっています。

流通業界の東西対決

次はいよいよ船井総研の設立です。

昭和四四年九月三〇日、三六歳のときに私は日本マネジメント協会を辞職しました。直接の原因は理事会でどういうわけか喧嘩をしてしまい、辞表を叩きつけて帰ってきてしまった、というものです。そこに至るまでのプロセスについては、あえて触れる必要もないでしょう。同年一〇月三日、個人経営の船井経営研究所をつくりました。

そして翌昭和四五年三月、船井総研の前身となる日本マーケティングセンターという会社を作りました。

前年に日本マネジメント協会から私についてきてくれた船井経営研究所経由の五人の社員がメンバーでした。一人を除いて私が所長時代に入社した若い社員ばかりを選びました。何回も、会社の失敗を見ていますし、もしものときに家族がいる人を路頭に迷わせてはいけない、と考えたのです。

日本マネジメント協会を辞めるとき、私は約二〇〇社ほどの顧客を抱えていました。しかし、いくら喧嘩別れだったとはいえ、自分がお世話になった

スーパーマーケットの黎明期

一九六七年（昭和四二年）、日本チェーンストア協会が発足、長崎屋がスーパーとして初の東証一部上場を果たすなど、食料品、衣料品、雑貨等を総合的に品揃えしセルフサービス方式で販売するGMS（ゼネラル・マーチャンダイズ・ストア）が認知され始めた。翌々年にはダイエーが首都圏に進出、ジャスコ、ユニーが設立され、いよいよ大都市や大型ベッドタウンを中心に、総合スーパーのチェーン展開が加速していった。

協会の得意先をもって独立するようなことはしたくありませんでした。苦しいのはわかっていましたが、日本マネジメント協会とは別の分野に狙いを絞って、新しくスタートすることにしたのです。

ちょうどそのころ、日本は**スーパーマーケットの黎明期**でした。

私たちはスーパーに食い込みました。まったくの新規開拓です。コンサルティング力には自信がありましたし、これからは必ず大量消費の時代になると思っていましたから、気持は前向きでいられました。最初の二〜三年はいつつぶれるかもわからないような状態で、社員の給料支払いのために四苦八苦などということも珍らしくありませんでした。そんな中でみんなよく頑張ってくれました。連日のように深夜の一時、二時まで残業する毎日でした。

できたばかりの小さな会社なのですからそれが当然といえば当然ですが、このように組織が一体となって頑張っているときは、実にめざましい力を発揮できるものなのです。

会社が小さいながらも何とか安定して一安心したころ、私は一冊の本を執筆しました。それが昭和四七年、私が三九歳のときに出版された『**変身商法**』です。一年で三五万部を売るベストセラーとなりました。これは私にとって大きな転機になりました。

変身商法
昭和四七年ビジネス社発行
その後改題「船井流経営法」

これを機に一日五万円だった私のコンサルタント料が、一時間二〇万円に跳ね上ったのです。これで日本マーケティングセンターは完全に勢いづきました。業績は倍々ゲームで伸びていき、従業員も増えて事務所が手狭になるため、三年に一回は引越しを余儀なくされたくらいです。

私もちょうど経営コンサルタントとして脂が乗り始めたころだったように思います。新しいマーケティング理論の発想が次々に湧いてきて、それがまた会社の業績を押し上げる、という好循環が続きました。

このころに私のライバルと言われたのが、**渥美俊一**さんです。渥美さんは流通業界では、神様のように扱われていました。私はさほど強く意識していたわけではありませんでしたが、渥美さんが東大卒、私が京大卒ということもあり、「東の渥美、西の船井」とマスコミの格好のネタになったのです。

その経営理論も対照的なものでした。

渥美さんの旗印は「マス理論」です。大量仕入・大量販売のメリットで勝負するという、アメリカで生まれた経営理論です。そのため、他所よりも一店舗でも多くチェーン展開するよう彼は指導していました。そしてチェーン化で大きくなった組織を管理・運営していくためには、標準化、規格化、マニュアル化が必要だと主張します。しかもそれは、品揃えや販売方法にとど

渥美俊一

あつみ・しゅんいち。経営コンサルタント。大正一五年、三重県生まれ。読売新聞記者を経て、昭和三六年、日本リテイリングセンターを設立し、代表に就任。四一年、日本チェーンストア協会設立事務長を務める。チェーンストア経営研究団体ペガサスクラブ主宰者。

まらず、従業員も同様だというのです。

従業員はマニュアル手帳のようなものを持たされて、それに忠実に行動すればいい。下手に自分で考えて動いたら、効率を落とす結果にしかならないから、従業員は一個の歯車に徹しなさい、と渥美さんは言います。マニュアルどおりでいいのですから、賃金の低いパートを雇って、短期間の教育で即戦力にできる点も、大きな強味となる——このような考え方が、流通業界で神様と言われた渥美理論の骨格なのです。

私のほうはそのものズバリ「アンチ・マス理論」を旗印にしました。

お店というのは生き物です。土地による風土の違い、立地条件、消費者の購買傾向など、それぞれにさまざまな顔を持っています。それらすべてに対して画一的なマニュアルでやっていこうというのは、どうしても納得できない考えでした。一見して合理的なようですが、実は非合理このうえないやり方だと感じたのです。

ましてや従業員にも同様の考え方で対しなさいというのは、見当違いにもほどがあります。従業員は人間です。言われたとおりにやればいいのでは、人間の能力は十分に引き出せません。そこにいる人間の個性を生かし、やる気を持った集団にしてこそ、会社は伸びていくのです。

最初、人間関係の希薄な大都市、特に東京では渥美さんの「マス理論」が成功しました。私の理論が支持されたのは地方都市のほうです。しかし、いまになってみれば、どちらの理論が日本の流通に合っていたかは、論ずるまでもないように思います。

こうして渥美さんの理論と比較しますと、その違いは明らかで、このころ、いまの船井流経営法にだいぶ近づいてきたかなという印象です。しかし、渥美さんの理論にしろ、私のこの時点での理論にしろ、大きく見れば大差はありません。そのアプローチの仕方は違っていても、結局は両方とも「競争」して勝つために考え出された理論だからです。

喧嘩のプロと恐れられて

私は長い間、経営を「競争力の結果」として捉えていました。

コンサルティングといっても、要は競争相手に勝つための戦略や戦術、戦闘をアドバイスするのが仕事だ、と割り切っていたのです。自分が勝てば、相手は負けます。しかし資本主義社会というのは競争社会なのだから、それは仕方がない。この社会で生き残りたいのなら、勝って勝って勝ち続けろ。

もちろんそのためには手段など選んでいられない。それこそ、ルール違反ぎりぎりのところまで策略をめぐらせながら、競争相手を叩きつぶすことで生き抜いてきました。

勝つのが正しい生き方である——。

いま考えれば、何とも不遜な考え方です。

そんな私にアダ名がつきました。「喧嘩のプロ」というのがそれです。「売られた喧嘩に絶対負けない男」とも呼ばれました。

これには、私の性格的なものもあるかもしれません。私の高校時代のアダ名は「レッスン」でした。よく学ぶからついたニックネームですが、一面で「烈寸」をもじったものです。体は小さいが気性は激しい、というほどの意味だったと思います。振り返れば、確かに四〇代の半ばくらいまでは、このアダ名のとおりの生き方をしていました。人というのは、よく見ているものです。

競争相手に勝つために私が考え出した経営ルールの例を、いくつかあげておくことにしましょう。

①階段を上がる人を観察していると、どちらの足から踏み出す人が多いかがわかる。その結果、どのような商品の置き方をすれば、お客さんが商品を取

〝喧嘩のプロ〟と言われた昭和四九年。宝塚の自宅で和子夫人と令嬢ゆかりさんと。

りやすいかがわかり、それだけでも売れ行きが違ってくる。
②踊り場のある階段の前に立った人を見ていると、その位置から踊り場が下に見えていれば、昇っていく人が多い。踊り場が目線より高くて見えないと、昇ろうとする人が少ない。従って必ず最初の踊り場が目線の半分くらいより下で見えるように作るべきだ。いったん踊り場まで昇れば、その先にいくら長い階段があろうと、人はそれを昇っていく。
③たとえば寿司屋で「上・中・下」の寿司があれば、お客さんはたいてい「中」を注文する。しかし「特上・上・中・下」とあれば、「上」を頼む人が多い。従って客単価は上り、売上げ増につながる。

これらは、いまでも通用しますし、まっとうな経営努力といえます。しかし、私がアドバイスしていたのは、こういうおとなしいことばかりではありませんでした。
④近々開店するライバル店が先着一〇〇名様にプラスチック製のバケツを無料進呈するという情報をつかんだら――その日に合わせて「バケツ一杯のミカンが一〇〇円」という特売をぶつける。すると客は新しい開店のところへ行ってバケツをもらい、こちらに来てミカンを買う。こうして相手の出鼻をくじくのを「波乗り作戦」と呼ぶ（このバケツの例は実際にあった話です）。

昭和五一年、日本マーケティングセンター時代の社員研修。（広島・いずみ登坂店前にて）

⑤競争相手の生鮮食品特売日をキャッチしたら――一日でも早く同じ種類の食品の大安売りをして、相手がチラシを打つころには、お客さんの家の冷蔵庫を一杯にしておく。こうすればライバル店は売れ残りの山に頭を抱えることになる。これを「冷蔵庫満腹作戦」と呼ぶ。

流通業界ではどこの会社でも、独自の情報ルートを持っています。どの店がいつどんなチラシを打つのかも、だいたいは摑んでいるものなのです。そのルートをフルに活用することで、相手をうまく叩いてしまうことができる一例だといえます。

ずっとこんなことばかり続けていたのですから、さすがに体の芯から疲れてきたのかもしれません。ときどき、ふと「こんなことを続けていていいのだろうか?」と考えてみたりすることが増えてきました。それは三〇代の後半ぐらいのころからだったと思います。

実は船井総研がようやく軌道に乗ったころ、イタリアに行ってラ・リナセンテという大きなデパートの副社長と話して、口論になったことがありました。そのころのイタリアは経済成長ゼロの国でしたから、私は軽い気持で「イタリア人は怠け者で少しも競争しないからでしょう」と言ってみたのです。するとその副社長は怒りを露わに「認識不足もはなはだしい」と反論してきました。

彼が言うには、日本とアメリカには文化がない、文化とは競争の後に来るものだ、というのです。日々競争の中で生きていた私は、猛烈に反発しました。しかし、競争を卒業した我々は文化を価値観に生きているのだ、という言葉にはどこか考えさせられたのも事実です。

この〝ひっかかり〟は、帰国して再び日本で競争の中に身を置いてからも、なかなか消えてはくれませんでした。

その後二〜三年して、今度はデンマークに行く機会がありました。かの国ではビール業界の一位と二位の会社が合併して、シェア九〇％近い巨大企業が生まれるということでした。そこで私は一位の会社のほうに行って、そこの会長に聞いてみました。

「シェア九〇％などという会社ができてしまったら、業界がおかしくならないですか？」

会長は私にはっきりと、

「あなたの考えは程度が低い」

と言いました。

デンマークのビール業界は大手二社と小さな五〇くらいの会社で成り立っ

ていたのですが、そんな中で最大手二社が値下げ競争でも始めれば他の小さな会社はみんなつぶれてしまう、と会長は言うのです。だから最大手二社が合併して、他の五〇の小さな会社もやっていける価格を設定することで共存共栄をはかる、というわけです。

程度が低い……。冷静に考えれば、競争こそが正しいと言っているのは、アメリカと日本くらいではないのか。私は何だか次第にそんなふうに考えるようになっていきました。

競争から共生への大転換

いまのヨーロッパは、日本よりも先に**金融ビッグバン**に踏み切ったイギリスなどがいい例ですが、アメリカ流の競争社会の影響を受けてきているところも少なくありません。しかしあのころもいまも、ヨーロッパ流とでも呼ぶべき考え方が生きているのです。

そういう社会が持っている考え方に触れて、私が変わるための準備はだんだんと整いはじめていたのかもしれません。

それが決定的なものになったのは、私が四〇代の半ばを過ぎたある日のこ

金融ビッグバン
世界経済が実物経済からマネー経済に移行する中、グローバル化に対応するために日本はイギリスをお手本にさまざまな保護システムや障壁を取り払った。これを金融ビッグバンといい、金融派生商品などを取り扱えるようになった。

とです。私は九州のある都市で講演をしていました。私たちの会社も草創期のスーパーマーケットがすばらしい勢いで伸びていくのに歩調を合わせて、順調そのものでした。私自身にも講演依頼は増えていくばかりで、本来なら得意の絶頂といった時期です。その日の会場にも五〇〇～六〇〇人が詰めかけて、満員の聴衆でした。

私は「流通業のこれから」のようなテーマで話し終え、拍手の中を引き上げようとしました。そのときです。中ほどに座っていた男が一人、突然に何かを叫びながら壇上に向って突進してきました。寸前で取り押さえられましたが、男はそれでも「船井に話がある」と泣きながら叫び続けているのです。

私は、その人の興奮がおさまるのを待って、控え室で会うことにしました。彼が私に語ったのは、およそ次のようなことでした。

「私の一族は代々衣料品店で、親戚たちが九州各地で小さな衣料専門店を営んでいた。ところが、このごろはあちこちに量販店が進出してきて、うちや親戚のほとんどの店がつぶれてしまった。調べてみるとその量販店の多くは船井という男が指導しているという。だから今日は一族の仇のあんたを殺そうと思ってやってきた。しかし話を聞けば悪い人ではなさそうだとわかるし、どうしたらいいかわからなくなって……」

そう言ってから、ぽろぽろと涙をこぼしながら、男泣きに泣いていました。かける言葉も見つかりませんでした。そして彼を呆然として眺めているうちに、忽然として悟ったのです。私は間違っていたということです。いくら自由主義経済だからといって、弱者を踏みつぶしてまで勝っていくことが、正しいことであるわけがない。ほんのいままで、こんな簡単なことさえわかっていなかったのか――。憑きものが落ちたような、そんな気分でした。

これが船井流経営法の本当の〝誕生の始まり〟の瞬間です。

それまでの私の経営法は、どのように形を変えていこうと、本質は「競争」でした。それは私が同じく「競争」に勝つことを正しい価値観とする人間だったからです。しかしこのときから、私の価値観は「共生」に変わりました。強者も弱者も一緒に生きられる道はないものか。それはそのまま、これまでの経営法をいったん捨てて、新しい経営法を構築していくスタートのときでもあったわけです。

ここに至ったら、もうこの章にはピリオドを打ってもよいかと思います。価値観が変わったということは、私がまったく別の私になったということです。それは船井流経営法も同様で、これまでとはまったく違うものになっていくということになります。そのキイワードは「共生」なのです。

昭和五五年、宝塚の自宅で。和子夫人とゆかりさんと。

共生のための経営法――これが船井流経営法の本質なのです。

いまはもう、競争などしなくても経営はできる、ということをよく知っています。共生の論理、すなわち船井流経営法によって、いくらでも業績をアップさせられることも証明してきました。

そして何より、競争ではなく共生が正しいと気づいて、人生がグンと楽しくなりました。

私の場合は、共生を考え始めたころから、まず顔が変わりました。三〇代の私の写真は、いつも恐いような鋭い顔をしています。そして四〇代、五〇代と進むにつれ、どんどんおだやかな顔つきに変ってきているのです。

それから、女性にモテるようになりました。しかもむしろ年をとるごとに、です。実はこのことについては、それも当然かな、と思っています。

なぜなら、女性は直観で本質をつかむからといっておきたいのです。

共生の方が競争より正しいのでしょう。

昭和五九年、和子夫人と。

第三章

成功するための五原則

私および船井流経営法の特性

競争よりも共生を考え始めたとき、世の中が劇的に変わったように見えました。しかし当然ながらこれは、別に世の中が変わったわけではなく、私が変わっただけのことです。

そして、これまで見えなかったことがいろいろ見えてきました。たとえば資本主義の矛盾です。資本主義は開発という名の破壊をたえず続けないとやっていけないシステムです。同じく、消費拡大という名で呼ばれる浪費を続けないとやっていけないといえます。ここに競争原理が加われば、そういうことがさらに加速されます。こういうイデオロギーがいつまでも生き残っていられるわけがありません。

このこと一つをとっても、これから何をやらなくてはいけないかの直接的なヒントになります。

資本主義だけでなく、私には他にもいろんな矛盾が目につくようになりました。これは私が「競争」の原理で生きているころにはなかったことです。それが「共生」にシフトチェンジしてからいくつも見えてきたということになります。ですから、四〇代の半ばころから、私という人間もずいぶん変わりました。ひと言でいいますと、世の中の構造はどうなっていて、人間はどうあるべきか、といってもいい研究に特に注力してきたような気がするのです。

この分野は日本ではなぜかおろそかにされていることもあり、たぶん私はトップクラスに詳しい人間の一人になったと思います。

また経営コンサルタントの仕事というのは、そういう研究をするのに非常に合っていることもわかりました。もちろんそれは共生を考えるようになってから、相談に来た人が、単にビジネスのことだけでなく、その人の根元的な体験までもさらけ出して話してくれるようになったからです。ですから、私は多くの人の根元的な体験だけは、いやというほど知らされました。

誰もが、他の人には言いにくいことでも言ってくれるのですから、それらに対して至誠の気持ちで答えなくてはなりません。そのためには、世の中のこと、人間のことについて深く研究しておかないと話にならないのです。

相談を通じて、あるいは自分の研究から、根元的なことについてはたくさん知りました。

その結果、いままではどんなことも肯定できるようになりました。否定ということは、いまではまずしません。こだわらなくなった、戦いはなるべく避けるようになった、と言ってもいいと思います。非常に単純で、開けっ放しで、しかも質素な人間になったとも思っています。

そんな人間ですから、問題のあるときに相談に来やすいのか、いろいろな人と知り合うことになりました。人脈の幅は他の誰と較べても負けないくらい広くなったと思います。誰も区別しないせいで、一般には「変な人」「怪しい人」とみなされているような人も、私の周りにはたくさんいるという結果にもなりました。それでとやかく言われることもありますが、私は別にそんなことにはこだわらないようにしています。

経営者は当然ですが、たとえば政治家なら衆議院では一〇〇人くらい、参議院に数十人、現職や前職の大臣も含めて、私の知人で政党が作れるくらい議員の知人がいます。財界、マスコミ、学者、芸能人、さらに超能力者（？）といわれる人々……、それから左翼や右翼、さらに裏の世界の人といわれる人まで非常にバラエティに富んでいます。ただしそれらの人の思想や行動に染まることもないし、逆に否定することもないというつき合い方です。

これは「競争」から「共生」にシフトチェンジしたことで起きた変化の中でも、目立ってわかりやすい変化だと思います。

また、なるべく借りをつくらないで生きてきたつもりです。国のお金も、卒業した大学が国立大学ですから少し使わせてもらいましたが、その後は税金を払ってきたばかりで、もうその借りは十分にお返ししたと思っています。かつて日本マネジメント協会を辞めた時も同じです。すでに書きましたが、そのとき抱えていた顧客をそのまま持って独立するようなことはしませんでした。

いまになると、これは正解だったと思います。もし何か大きな借りを作っていたら、その借りに義理立てをして、心ならずもしたくないことまでしなくてはいけない局面がないとも限りません。なるべく一党一派に偏しないで生きたいと思っていますので、そういうことは困るのです。

そして私は、いっさいの賞罰なし、いっさいの資格なしです。これもいいところなのではないかと思っています。余分なものは身に纏わないで、シンプルなままでいたいのです。

どんなことも肯定できる、単純に生きるというのはよい特性だと思います。これが私の特性ですから、船井流経営法もまた同じ特性を持っています。

競争原理の上に立つ経営法は、勝ち負けをはっきりとさせますから、見ていてインパクトが強い。逆に船井流経営法のように共生の原理を本質とする経営法は、勝ち負けを二の次にしますから、一見するともどかしくさえ感じるかもしれません。しかし、ここまでこの拙文を読んできてくれた方には、それは単に錯覚だとおわかりいただけると思います。

本来こうであるべき世の中の仕組みや、人間の生き方に逆らうようなことはしたくないのです。アドバイスする経営法も、その原則に合わないなら取り下げなくてはなりません。

すべてを肯定する。単純である。これは私の生き方の特性であり、同時に船井流経営法の特性でもあります。ここのところは改めて押さえておいていただきたいのです。

経営のポイントは「人」

これまでさまざまな人たちとの交流を通じて学んだこと、興味を抱いて独自の研究と思索を積んで知ったこと、その中から船井流経営法が生まれてきた経緯については、ここまでの説明で十分かと思います。

次は、学んだこと、知ったこととは具体的にどんなものなのか。その中から重要と思われるものを五つだけ選んで説明を加えてみることにします。

(1) 人がいちばんのポイント

これは、いわば船井流経営法の基本底流です。人は会社だけでなく、世の中全体を良くも悪くも変えることができます。それだけ人は偉大なものだというのが、抱いている実感です。人の力は世の中全体を変えてしまえるほどのものなのですから、会社ではとにかく人を重視した戦略を立てないことには、伸びていきようがありません。特にトップが大事です。会社の命運は九九%までトップの器量で決まります。

優秀なトップかどうかを見分けるポイントは次の四点――①成功者癖、②人材度、③包み込み力、④人間性――です。成功者癖を備え、人材度が高く、包み込み力があって、人間性に優れたトップがいれば、その会社は必ず伸びます。順に見ていきましょう。

①「成功者癖」には五つある

これは成功する人ほど持っている癖のことです。具体的には(ア)学び癖、(イ)働き癖、(ウ)自主癖、(エ)素直癖、(オ)プラス発想癖、ということになります。これらをたくさん持っていればいるほど、その人は人間としての器量が大きくなると考えていいようです。

(ア)学び癖……知らないことを知りたがる癖です。若いころはみんなが持っている癖で、年とともに失くしてしまいがちな癖でもあります。ところが成功者はいつまでたっても、この学び癖を失くすことがありません。

いってみれば、新しいもの、知らないものを持っていったとき、横を向くか、それとも興味を示すか、です。デジタル革命、IT革命の時代ですから、いまならそういうものをどの程度まで理解しているかが、一つの判断材料になるかと思います。

つい最近、ユニ・チャームの**高原慶一朗社長**と対談したとき、「ウチの年輩社員や役員には、いまだにデジタル革命に無関心を装おう連中が多い。明らかに大変革なのだから、素直に勉強しなくちゃダメだ」と言っていました。自分のところの社員だからそのような言い方をしたのでしょうが、それはさておいて、高原社長は私よりもさらに年上です。いまから四〇年以上も前にユニ・チャームを自ら作ったこの創業社長は、いまだに強い学び癖を失くしていません。

(イ)働き癖……これには詳しい説明は要らないくらい自明のことです。働かないで成功した人というのは聞いたことがありません。中にはそういう人もいるかもしれませんが、それは一時的なことでしょう。少なくともトップとして会社を率いていくような人なら、必ず働き癖を持っています。仕方な

高原慶一朗
たかはら・けいいちろう。ユニ・チャーム代表取締役社長。一九六一年、高原氏が愛媛県川之江市で創業し、同社を紙オムツ・生理用品の国内トップメーカーに育て上げた。「女性の暮らしをより快適に」が同社の社是。変化に対応することに決別し、自ら変革を興す「変化価値論」を実践する。

く働くのではなくて、進んで働く、働くのが好き、という人でないと成功しないのが普通です。

逆に働くのが嫌いという人がいますが、そういう考え方ができるのは若いうちだけだと思います。働くのはいいことです。学校時代の友人など見ていると、大半は六七歳か六八歳ですが、かなりヨボヨボしている人がいます。そういう人は働くところがないのです。働いていないと、人間はすぐに衰えてしまうものだと思います。

私たちの世代は働くのが嫌いなのではなく、働きたいけど仕事がない。朝起きたときに、今日は一日何をして過ごそうかと考えねばならない状況は本当に悲しいと彼らは言っています。だから企業経営者のみなさんには頑張ってもらって、みんなが働きたければ死ぬまで働けるような日本にしてほしいのです。

(ウ)自主癖……人間には二種類います。一つに、決して自分では責任をとりたくないタイプ。誰かに命令されれば、それを忠実に実行はしても、自分では少しの工夫もしようとしないような人などがそうです。もう一つは、自分から積極的にリスクを負ってでもやりたいことをやるタイプ。創業社長のほとんどはこのタイプです。当然ながら後者のような人を称して「自主癖がある」といいます。

自主癖があるといかに強いか。ついこの間、ちょうどいい経験をしてきたばかりです。

学歴のない中小企業の社長さんばかりの会合に招かれ、講演をたのまれました。その後で二〇〇人ほどのそれらの人々と懇親会がありました。そこで驚いたのは、私の話にはビンビン反応してきますし、みなさん非常に優秀な人たちばかりだったことです。しかもオーナー社長がほとんどでした。大半の人は、小は二〇人くらいから、大でもせいぜい二〇〇〇人ぐらいの規模の会社のトップです。

そのとき、「ああ、この人たちは学歴は無かったが、立場上いやおうなく自主癖がついて、足りないところは勉強癖で補なって、努力努力でここまできたのだろうな」とつくづく思いました。

私の友人には東大や京大を出て一流企業にいた人が数多くいますが、そんな人たちよりもおしなべてはるかに優秀でした。船井総研のコンサルタントたちにしても、学歴からみたらみんな優秀なはずなのですが、この中小企業の経営者たちに較べたら見劣りします。自主癖の前には学歴などは太刀うちできないことが、理屈抜きでよくわかりました。

（エ）素直癖……明らかな誤りは別にして、わからないことはどんなことも否定しないことです。私が見たところ、優秀な人ほど物事を否定しません。批判もあまりしない。人の言うこと、見るもの何でも素直に受け入れます。

前述したユニ・チャームの高原社長の言葉も、「デジタル革命を素直に受け入れろ」と素直癖を奨励するニュアンスです。素直癖がないと、どうしても人間の幅が狭くなってしまいます。時代に置いていかれるタイプもまさにそうです。それまで自分が身につけたもの以外は頑固に認めようとしない。自分の想像を超えるものはとりあえず否定しておく。こんなトップの率いる会社は、うまくいっても現状維持が精一杯といったところだと思います。

（オ）プラス発想癖……人間の思いというのは実現します。強く念じていれば、それは現実となる可能性が高くなるのです。常に良いイメージを持って行動していれば現実も良くなるし、悪いイメージを持っていたら悪いことしか起こらない。このように考えていいと思います。プラス発想癖がないと、ここまで書いてきた学び癖、働き癖、自主癖、素直癖が揃っていたとしても、それらが成功者癖として機能しない、ということです。

たとえば何か悪い状況におちいったときでも、それを一つの試練と捉えて「ここを切り抜けたらウチの会社はもっと伸びる」と考えるトップ（プラス発想）と、とたんに意気消沈して「このままではウチはつぶれてしまう」と右往左往するトップ（マイナス発想）とでは、その後の状況がどう転んでいくかに天地雲泥の差が出てきます。

それは実際に失敗してしまった後でも同じです。その失敗を試練と捉え「これ以上は悪くならない」と考えるほうが、「もうダメだ」と放り投げるよりも失敗からの反発力は強いに決っています。

つまり、現実にそこにある状況はまったく同じで変わらなくても、それをどう捉えるかでその後の行動と結果は明らかに変わってくる。それが人間の営みというものなのです。昨日と何も状況は変わらないのに、朝起きて窓の外にきれいな青空が広がっていただけで、何だかすべてが好転したように思えた経験というのは、誰にもあるのではないかと思います。そういう気分になることのできた一日は、昨日から確実に一歩前進するための努力に自ずと取り組んでいけるものです。

人財が人財をつくる

五つの成功者癖は、トップを評価するときのチェックポイントとして、非常にわかりやすいし、かつ有効です。私たちがコンサルティングをするときも、トップの人にこの五つの癖があるかどうかは、少し話をすると、すぐにわかります。これら五つをすべて備えているトップがいる会社の経営戦略はたてやすいし、そうでなければ戦略以前のことまで考えねばなりませんから、どうしても時間がかかります。しかし、考えてみれば実に単純明快で、気がつけば誰でもすぐに身につけられる癖でもあります。

人間はちょっとした心がけ次第で、大きく変わることができるものなのです。

次は人材、以下本書では「人財」と書くことにします。どの程度まで人財であるかは、人間の器量を決めている重要な要素の一つです。

②「人財度」で会社の将来がわかる

人財の研究は私のライフワークの一つでもあります。

二〇年ほど前に北海道大学に行ったとき、「青年よ、大志をいだけ」の言葉で有名な**クラーク博士**は人財づくりの名人だった、と聞かされました。クラーク博士は北海道大学（当時は札幌農学校）に九か月ほどしかいませんでした。しかし、そのときの教え子の中からは、**新渡戸稲造**や**内村鑑三**が出ています。

クラーク博士
ウイリアム・スミス・クラーク（一八二六〜一八八六）。米国人教育家。北海道開拓使に招聘されて来日。北海道大学の前身である札幌農学校で教鞭をとる。キリスト教信仰に基づく訓育は学生たちに深い感化を与えた。

新渡戸稲造
にとべ・いなぞう（一八六二〜一九三三）。教育家・思想家。札幌農学校卒業後、アメリカとドイツに留学。帰国後、京都大学教授、一高校長などを歴任。国際平和を主張し、国際連盟事務局次長、太平洋問題調査会理事長として活躍。

内村鑑三
うちむら・かんぞう（一八六一〜一九三〇）。宗教家・評論家。教会的キリスト教それから世界中の人財づくりの名人について調べ始めました。その結果、世界一の人財づくりの名人は、他のどこでもない日本にいたことをつきとめました。それは幕末の激動期を生きた長州藩の**吉田松陰**その人だと思うのです。

これについては**『これからは人財の時代』**（ビジネス社刊）という一冊の本にまとめています。詳しくはぜひそちらをお読みいただきたいと思います。ところで、その本のサブタイトルを「人財づくりのコツは自ら人財になるべし！」とつけました。まさしくその通りで、社内に人財を育てたいなら、まずトップ自身が人財になることです。しかも、もう一歩踏み込んで言っておけば、トップはどの社員よりも人財度において上をいっていなければなりません。もし、トップよりも上の人財が社内にいたとしたら、トップがその人財にトップの座を譲るか、あるいはその人財が会社を出ていくか、二つに一つです（もちろん現実にすべての会社がそうなっているわけではありません）。そのくらい人財度はトップにとって重要な資質だと私は思っています。

人財度のチェックポイントは次の五つです。

（ア）誰をも差別しないで至誠の心で対応する。
（イ）自分の長所を知り、それを伸ばしている。

に対して無教会主義を唱えた。教育勅語への敬礼を拒否して、有名な不敬事件を起こした。非戦論者。雑誌「聖書之研究」を創刊。

吉田松陰
よしだ・しょういん（一八三〇〜一八五九）。山口県萩市生まれ。ペリーの黒船が浦賀沖に現れた直後、国禁を犯して密航を企てるも失敗し、萩の野山獄に幽囚の日を送る。出獄を許されると松下村塾を創設、下級武士たちを新時代に目覚めさせ、そこで長州革命派結成の根幹となる。松陰はいたずらに大言壮語することなく、行動こそ唯一の思想表現の場であると説き、それを言い続けた。

（ウ）プライドを持っている。
（エ）人をよく認め、よくほめる。
（オ）勇気がある。
私の人財の研究の結果から以上の五つにまとめてみました。この五つの属性を持っている人は、まず人財と呼んで間違いありません。
（ア）誰をも差別しない、については船井総研にいる人財探しの名人のことを書いてみることにします。その見分ける正確さは私もほとほと感心するくらいで、見事のひと言です。
我が社の秘密兵器（？）のようなものですから、名前は秘して仮にA君とします。

顧問契約をした会社のトップのことをA君に話しますと、たまに「会長、この人はやめたほうがいいですよ」とキッパリ言うことがあるのです。そういう会社というのは、後に必ず何らかの問題を起こすなりしてダメになります。これはもう一〇〇％です。

その見分けるポイントが、ここにあげた（ア）だとA君はいいます。どの会社のトップの方も、私に対してはだいたい態度が丁重です。ところが私がいないところでは、コロッと変わってしまう人がいる。表面上はコロッと変

これからは人財の時代
人財づくりのコツは自ら人財になるべし！
船井幸雄
ビジネス社

これからは人財の時代
平成一一年ビジネス社発行

わらなくても、A君から見るとそれがよくわかってしまうらしいのです。

私に対する態度と、他の誰彼に対する態度が大きく変わるような人は、まず経営者としてうまくいきません。人を差別する人はダメなのです。すべてに対して至誠の心でつき合えないというのは、人財でない証拠だと言っていいと思います。

吉田松陰などは、ほんの一〇歳ほどの門人に、国を憂う激情の手紙を送っているくらいです。たかが一〇歳の少年に国のことが本当にわかるのかどうかなどということは、まるで問題ではありません。松陰が少年を差別しないで一人前の男として扱ったことが重要なのです。この少年がやがて人財に育っていったことは、私には自明のことと思われます。

(イ)の長所を伸ばしていくというのは、船井流経営法が成功するコツのうちでも重要なものの一つでもありました(第一章参照)。短所などは触らないで放っておけばいいのです。

私自身でいいますと、いろいろなものを体系づけてわかりやすく伝えたり、書いたり喋ったりするのは得意だという自覚があります。自分の不得手なことは、それが得意な人にやってもらうほうが結果もいいですし、素直にお願いしてやってもらえばいいのです。その代わり、自分がやるべきことでは、他の人がやるよりも大きな成果をめざす。適材適所の発想にも通じます。

松陰は国禁をおかして野山の獄に入れられたとき、投獄されていた囚人たちに**孟子**の講義をして感激の涙を流させました。もう世間に戻れる希望もない死刑囚がどうして孟子の教えなどにいまさら聞き入ったのか。私も最初は疑問に思い、調べてみてよくわかりました。松陰はまず、それぞれの囚人が持っている長所、あるいは果たすことができる役割を必ず一つは指摘して、彼らに生きる道を示唆することから始めたのです。

これは（ア）にも通じています。そしてどんな人にも必ず長所はあること、ぎりぎりの極限状態にあっても人は自分の存在理由（長所や役割）さえあれば生きられること、またそういう状況で考えればよくわかりますが、長所を伸ばすことこそが人間として歩む道であり、短所を矯正することにはあまり本質的な意味はないようです。
（ウ）のプライドについては、これは自分のすべての属性を愛することのすすめになります。自分自身はもちろん、自分の家族、友人、知人、当然ながら会社、同僚……、本当は自分の国である日本にもプライドを持つべきなのです。（ア）や（イ）の資質がある人は、自然に自分の周りのものにプライドを持てるようになります。

孟子
もうし（前三七二〜前二八九）。中国、戦国時代の思想家。学を孔子の孫の門人に受け、諸国を遊説して王道主義を唱えたが受け入られなかった。その後山東の故郷に戻り、弟子と共に、孔子の意を祖述して「孟子」七編を作成。性善説を基に、仁義礼智の徳をすべしと説いた。

人は自分の愛するもののためなら、いくらでも頑張れるのです。自分の力を最大限に発揮するには、この（ウ）プライドを持つ、ことが重要なポイントになります。

（エ）は、否定ではなく、ほめる、認めることのほうが重要だということ。（イ）の長所をさがすというのもそうですが、それに加えてほめてやらないと人は動いてくれません。**山本五十六**の有名な言葉に、「やってみせ、言って聞かせて、させてみせ、ほめてやらねば人は動かじ」というのがあります。まさしくその通りで、人をほめるのがうまいというのは、トップの重要な資質の一つです。

トップのこういう資質が会社全体にも浸透したら、とてもいいムードの職場になります。社員は会社に行くのが楽しみになりますし、それだけでなく、取引先だって「この会社は伸びる」と確信するはずです。

最後の（オ）、勇気を持つ。良いことが実行できて、悪いことをやめられるのが勇気です。特にトップには必要不可欠な資質ということになります。

山本五十六
やまもと・いそろく（一八八四〜一九四三）日本海軍大将・元帥。太平洋戦争に連合艦隊司令長官として真珠湾攻撃を指揮。米国留学経験を持ち、米国の圧倒的戦力を目の当たりにした山本自身は開戦に反対だった。ソロモン諸島の前線を移動中に搭乗機が撃墜され戦死。

トップに必要なのは客観的な視点

ちなみに「人材」を「人財」としたのは、人は船井流経営法の重要なポイントだけに、誤解を恐れたからです。

私の親しい友人に、**ビル・トッテン**さんというアメリカ人がいます。アシストという従業員七〇〇人ほどのコンピュータソフト販売会社の社長です。日本に来て三〇年以上になり、いまは京都に住んでいます。しかしメインオフィスは東京です。彼は儒教精神をよく理解していて、日本人以上に日本人らしい発想ができる人です。

トッテンさんはアメリカ人でありながら、自分の国・アメリカが日本をダメにしているのだと主張して、日本人にアメリカ離れをすすめる本を何冊も書いています。とても面白い本です。

そのトッテンさんがいつも、日本語の「人材」という言葉はけしからん、と言っています。英語の human resource をそのまま直訳したもので、人間を材料扱いするアメリカ的発想に毒された悪い言葉だというのです。

なるほど、と思いました。私はもちろん人間が単なる材料だとは考えていませんから、そこのところを誤解されては困ります。そこで、優れた人間というのは、会社にとっても社会全体にとっても最も大切な財産であるとの意味から使っていた「人財」に、表記を統一することにしたのです。

ビル・トッテン

経営者。一九四一年米国カリフォルニア州生まれ。南カリフォルニア大学で経済学博士号取得。七二年、日本で株式会社アシストを設立、代表取締役に就任。コンピュータソフト業界屈指の会社に成長させた。論語通。著書に「必ず日本はよみがえる」「アメリカ型社会は日本人を不幸にする」。

そのトッテンさんが、「日本に住んで客観的な目でアメリカを見るようになったら、それまで見えなかったものまではっきり見えてくるようになった」という意味のことを言っていました。トッテンさんにはアメリカの悪いところが見えてしまったのですが、この客観的な視点というのは、実はなかなか手に入れることが難しいのです。

この客観的な視点ということに関わるトップの資質をはかるポイントとして、私は「包み込み力」という言葉を使っています。

③「包み込み力」が人間を大きくする

人間は主観的な生き物です。ぜんぶ自分を通してしかものを見られません。自分がこう考えるから、相手もこう考えるだろう、という視点からものごとを判断する。これを主観的な判断といいます。それで相手が思ったのと違う反応を示すと、自分が悪いのではなく「あいつが間違っている」とみなしてしまう。こういう考え方しかできない人の周りはトラブルばかりです。

私には検事、警察官、弁護士などの友人がいます。彼らは、職業がら、性悪説的なものの見方ができます。私は、どういうわけか性善説的な見方しかできません。したがって、間違わないため、よく彼らに意見をききます。私などでは絶対に考えられない視点が出てくるのです。

あれはおそらく、教えられただけでできることではありません。それだけの経験が必要です。あるいは性格が合っているかいないか、そういう要素も大きいと思います。だから私に彼らの思考の本当の意味がわかるわけがない。信頼して相談し、参考にするのがいちばんです。

包み込み力とは、まず世の中にはいろんなものの見方があると知ることです。知って、それを認めて受け入れることです。そして、できればなるべくそういういろいろなものの見方を、自分でも身につけられるほうがいい。すると、これまたその人の人間の幅はグンと広がります。

包み込み力をつける大きなポイントの一つは、いろいろなものをあらゆる面から見ることができるようになる、ということなのです。言葉を換えれば、客観的にものごとを判断できる人には、包み込み力が身につきます。こればかりは、経験と知識の積み重ねが必要です。その点、私はいろんな人たちと公私ともに本音でつき合ってこざるをえませんでしたから、いやでも客観的な視点が身についてきたのではないかと思います。

あらゆる面からものを見るようになると、世の中で起こる諸々のことが、論理的、体系的につかめるようになる。すなわち包み込み力が出てくるのです。

すると、どんなことでも肯定して受け入れられるようになります。自分とは考え方が違う人でも、その人の考え方のメカニズムがわかってくれば、あ あそういう考え方もわかるな、と包み込めるようになるわけです。そうして自分の中に包み込んだものをうまく生かすことで、仕事なり人間関係なりを良い方向にもっていけます。ここまでくれば、もう包み込み力がついたと思っていいでしょう。

最後は「人間性」です。

④人間の目標は「人間性」を高めること

人間性とひと言でいっても、広すぎて捉えどころのない感じです。しかし、人間性が高まるとどうなるかというと、具体的には以下の七つがあげられると思います。

(ア) エゴが減ってくる……エゴが減ると具体的には、焼きもちが減る、否定しなくなる、批判しなくなる、責任逃れしなくなる、逃げなくなる、自慢が減ってくる。見ていてこのような行動パターンにあてはまる人は、エゴが減ってきている人です。

別の言い方をすれば、主観的でなく客観的になります。自他、つまり自分と他人とを同じように見ることができるようになるのです。

経営者というのはエゴがないとやれない職業のように思ってしまいがちですが、そんなことはありません。というよりも、逆です。会社が大きくなっていったとき、エゴが減っていかないことには、人を使えなくなります。経営者からエゴが減っていくに従って、会社が大きくなる準備が整っていくのです。

エゴが減るのにはどこかに転機があって、いっぺんにエゴを捨ててしまったように見える人もいます。ただし、普通は徐々に減っていくものです。

（イ）嫌いなものが減ってくる……まだ人間性が低いときは、好き嫌いが非常にたくさんあります。これがだんだん減ってきて、たいていのものが好きになってきたら、それは人間性が高まってきた証拠です。

私はこのごろ、いままで食べられなかったうどんと豆腐が食べられるようになりました。社員の人たちも「あっ、会長がうどんを食べている」と驚いています。人間性が高まったからかどうか知りませんが、食べ物の好き嫌いも多分に精神的なものであるケースがありますから、まったく無関係だとは言えなさそうです。

（ウ）とらわれ、こだわりが減ってくる

（エ）約束が守れるようになる……相手が約束を破っても、自分は守るようになります。これには私は自信があって、いままでの人生で約束を破ったのは二回（正確には一回）しかありません。このことは後述します。

（オ）責任感が強くなる

（カ）楽しく生きられるようになってくる……過去を気にせず、未来を心配せず、あるがまま、ないがまま、なるがままで楽しく生きられるようになってきます。もともと過去を気にしようが、未来を心配しようが、過去は遠ざかるし未来はやってくるのです。むしろ、気にして、心配してマイナス思考で生きていたら、過去に追いかけられ、未来に逃げられて、いつも息がつまるような苦しい毎日になりかねません。

（キ）開けっ放しになる……言ってはいけないことは言わないとしても、変に自分の気持を隠そうとしなくなります。策略も使わなくなります。猜疑心はだんだん消えていきます。

　この他にも、いわば番外編で「顔がよくなる」というのがあります。少し感覚的になってしまうので項目に加えませんでした。しかし、これは何も聞かなくても一目でわかりますから、チェック項目としては非常に便利です。たとえば政争に明け暮れている政治家たちは、かわいそうになかなかいい顔になれません。みんなから安心できる顔、信頼しうる顔になったと言われたら、それは人間性が高まったということです。

成功者癖と人財度と包み込み力——これが優れたトップの資質ですが、最後はやはり人間性を高めることに尽きると思います。

人間性を高めるというのは、トップの条件よりももっと普遍的なもので、すべての人間の究極の目的だというのが私の意見です。人間というのは人間性を高めるために生まれてきたようなものだと思っています。これはまた、長い間かけてたどりついた確信でもあります。

直観力には本物とニセ物とがある

人がいちばんのポイントだということについて、ここまでじっくりと説明してきました。これらは船井流経営法にとって、特に重要な部分です。そして、そのままトップの資質にも通ずるものでした。これから触れていく項目もその点では同じですが、いま書きました「人間性」のように、より広くすべての人たちに当てはまるもので、構えて言いますと人間本来の生き方。それについて知ったこと、だと考えていただければいいと思います。

⑵自然の摂理と良心に従って生きよう

人間というのは何といっても自然の子です。ですからまず、人間は自然の摂理に従って生きることが大切になります。

自然は効率的です。だから人間も効率的に浪費しないで質素に生きるのがいいのです。また自然は調和しています。同時に生成発展しています。だから調和と発展のためには、常にバランスを考えて、開発という名の破壊はしないのがいい。そして自然は〝**相似象**〟になっていて単純です。だから人間もわかりやすく単純な生き方をするのがいいのでしょう。

また人間の特性には知性も理性も、その他いろいろありますが、良心というのは人間だけが持っている特に大切なものです。良心というのは、「自分だけよければいい」という気持にストップをかける人間意識の働きだと思います。ついつい〝自分だけ〟となりがちなところを抑えて、周りの人たちのこと、会社のこと、社会全体のこと、地球のこと、宇宙のこと……なるべくマクロに見て自分の行動を決めていく。これが良心に従う生き方です。

私は良心それ自体が自然の摂理を表わしているような気もしています。

(3)人間の究極の知的能力は直観力

人間の知的能力といわれてすぐ思い浮かぶのが、知識力（インテリジェンス）と知恵の力（インテレクト）の二つです。

相似象
考古物理学者楢崎皐月（一八九九～一九七四）が解読した「カタカムナ図象」によると、相似がひとつのポイントになる。現在、相似象学会が発行する会報誌「相似象」にて、その知識や知見を広めているという。

知識力というのは、知っていることに対する答えしか出てきません。いまのデジタルコンピュータがそうです。知恵というのは知らないことに対する答えが出てきますが、間違うこともあります。

実は人間にはこの他にもう一つの知的能力があって、それが直観力（インテュイション）です。直観力は知らないことに対する答えが瞬時に出てきて、しかも間違えません。世の中には直観力のある人が確かにいて、アメリカではそのメカニズムを解明するための研究が、ここ三〇年くらい前から多方面で始まっています。

ただし、直観力がある人はそんなにたくさんいるわけではなく、現実には自称・霊能力者と同じようにニセ者のほうが多いようです。

もう一つ、人間は知識力と知恵の力と直観力とを駆使して、創造力（クリエイション）を発揮します。これによって世の中が進んでいくわけです。私の見解では、このうち人間の究極の能力は何かといえば、それは直観力と創造力だと思います。直観力を強めて、正しい人間としての創造力を発揮したいものです。

ですから本当は、この直観力を身につけて、それに従って生きるのがいちばん安全確実で、決して失敗のない人生だということになります。それができない人は、直観力のある正しい人を探して、その人の意見を聞くことです。残念ながらそれしかありません。

直観力があった代表的な人物は、アメリカの預言者の**エドガー・ケイシー**だったのではないかと思います。しかし彼も、こと未来予測に関しては一〇〇%当たるとは限らない、と自ら言っていたようです。人間の創造する力が未来を作るから、そこまでは見通せないということでしょう。

前述しましたが、私は日本では比較的早く直観力の重要さに気づき、一五年ほど前から研究してきました。それに関する著書も何冊かあります。

少しだけ触れておきますと、人間の意識には三種類あります。一つは顕在意識。これは、ふだんの表に出ている意識です。そして潜在意識。これは生まれてからいままでに起ったことをぜんぶ知っている意識です。さらにもう一つ、超意識というのがあります。これは宇宙意識とも呼ばれ、宇宙にあるすべてのことを知っている意識といっていいようです。

潜在意識は催眠状態にしてやれば出てきます。しかし、その先の超意識には、普通の人はほとんど到達できないと思われていました。

ところが世界の心理学者や大脳生理学者の間で研究が進められて、いまでは麻薬や、あるいは瞑想によってでも超意識にまで到達する可能性があるとい

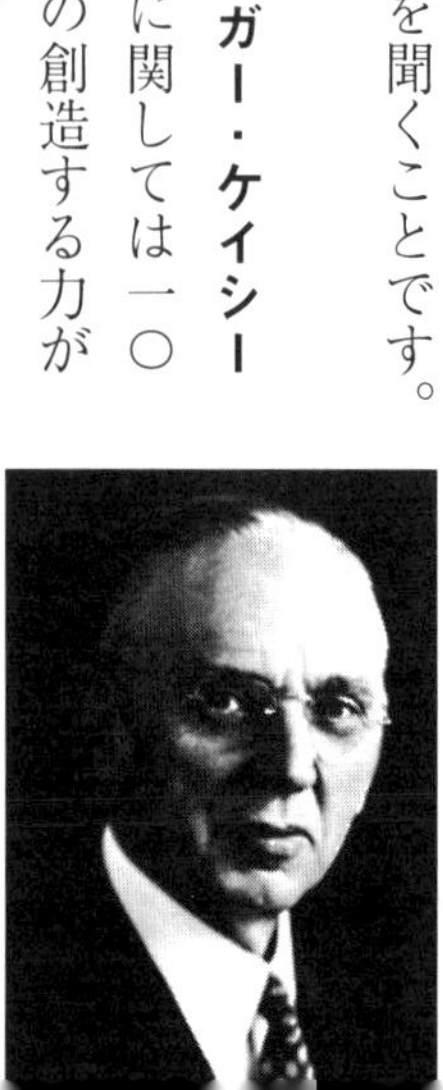

エドガー・ケイシー
（一八七七〜一九四五）。米国生まれ。四〇代前半まで写真家として生計を立てるが、四六歳から透視能力で人助けを始める。その生涯で一万五〇〇〇件近い催眠透視を行う。（写真提供／日本エドガー・ケイシーセンター）

うことがわかっています。日本では少ないのですが、欧米では有名な学者がたくさんの論文を発表しています。人間の意識の研究というのは、世界的にはごく一般的な正規の学問分野なのです。

麻薬を使って人間の意識を丸裸にした学者に、**スタニスラフ・グロフ**という人がいます。一九三一年生まれですから私と同年代で、チェコ人です。いまはアメリカのサンフランシスコ郊外にあるエサレン研究所にいて、たぶん所長をやっています。

彼がやった麻薬を使った実験では、被験者の意識が、宇宙のはじまりとかいろんなことを覚えていることが明らかになりました。

一人の存在（意識）が、この宇宙に誕生したときから、たとえば自分が木であったときはどうだったか、ボウフラのとき、猿のとき、いま人間になってどうか、そういう過去のことをいろいろ思い出していきます。そればかりか未来まで思い出す。未来を「思い出す」というのも変ですが、意識というのはそういう時空を超えた存在らしいのです。

いまはもうこの分野の研究はグロフの実験のときよりずっと進んでいて、私たち人間の意識はやり方によっては、宇宙の森羅万象をすべて知りうる能力があるはずだということを、認めざるをえなくなっています。その能力に

スタニスラフ・グロフ
精神分析医。一九三一年生まれ。数多くの臨床を踏まえてトランスパーソナル心理学での「死の領域」「死後の意識」を研究。著書に「宇宙意識への接近」「魂の航海術」などがある。

到達できた人が、直観力を開発できた人ということになりそうです。

私にも、ときどきですが直観力が働くことがあります。

たとえば八年前の一九九二年に出した『これから10年　生き方の発見』（サンマーク出版）という本について、このごろ投書がよく来ます、と出版社から電話が入るようになりました。私はその本の中で、一〇年たつと大手銀行も自動車メーカーもどんどんつぶれる、と書いています。なぜあの時点でそんなことがわかったのか、というわけです。その部分は同書の一七二ページにあります。

《おそらくエコノミック発想では想像できない事態が生じてくることでしょう。

たとえばいまの大企業でいちばん強そうな日本の自動車業界。ここでも驚天動地のことがおきそうです。トヨタ、ニッサン、マツダ、ホンダ、三菱。このうち今世紀中に二社くらいはなくなるかもしれません。大手の銀行も大手の証券会社も同じです。》

投書への答えは、「直観力が働いた」と書くほかないのです。

私の場合は、エゴを捨ててただボーッとしていると、ときどき潜在意識のその先の領域までスッと入ることがあるのです。それだけの簡単なやり方ですから、直観力を開発できたとまでは言えないかもしれません。

ただ、「たぶん……」という前提つきですが、この章で書いてきたような人間性を高める諸条件を満たしていけばいくほど、直観力と創造力が身についていくのだと思います。そうでない人の直観力などは、だいたいが神がかりのようなものですから、間違いだらけに違いないといえそうなのです。

「つき」を呼ぶ生き方

最後にもう二項目、より具体的な、いわば「行動指針」にしていただきたいと思うことを書いておくことにします。

(4) 生き方の基本

これには三つありますが、あくまでも「やむをえないとき以外は……」というただし書きが付きます。

①無理をしない

万やむをえない場合以外は、無理はしないほうがいいのです。動物がそうです。ライオンやヒョウは獲物をとる練習などしません。人間も、無理をしてまで鍛練や訓練をすることはないと思うのです。自然なままがいちばんだと思います。

②介入しない

特にいけないのは、中途半端に介入することです。介入するなら最後まで関わる覚悟をもっていないと、相手に対して失礼にあたります。少しでやめるのなら、初めから介入などしないことです。自然はなるべく介入しないようです。

③流れに任せる

「大きな流れ」に任せるという意味で、「目先の流れ」に乗れということではありません。**ソフトバンク**や**光通信**などのネットバブル株が崩壊したのは、目先の流れに乗って成功することの難しさを物語るいい例です。本当にもうどうしようもない、というとき以外は、本流に身を任せて「王道を歩む」心構えでいくことをおすすめします。

(5)正しい生き方

世の中は本来、自然の摂理に従ってバランスよく動いているものだということは、すでに記しました。私たち人間も、そういう仕組みを壊すような誤った生き方をしないことです。そうすれば、自ずと「つき」も呼び込め、明るい気持のままで生きていけるようになります。それが正しい生き方です。

ソフトバンク

一九八一年創業。ソフトウェアの卸売業からスタートして、出版等メディアへと業容を拡大、九四年の株式店頭公開以来、積極的な資金調達を繰り返しながら、買収戦略に乗り出した。アメリカを舞台とした大型M&Aやテレビ朝日株の買収、売却などを連発した同社オーナーの孫正義氏は一躍時代の寵児となった。九九年三月期から同社は純粋持株会社となり、各事業会社はイーコマースやメディアなどのジャンル別に設けられた中間持株会社の下に再編された。ファイナンス・ビジネスにも深く関わり、ネット・ベンチャーに投資、株式公開を手掛ける。東証一部上場企業。

光通信

一九八八年創業。通信自由

具体的には――、

①三原則を守る

単純・質素・効率的が正しい生き方の三原則です。

自然というのは非常に単純です。人間もそれと同じように単純に生きればいいのですが、必ずしもそうはなっていません。多くの人は複雑に考えて、単純に生きている私を見ますから、かえって正しく理解してもらえないようだ、と思わされることも少なくないのです。少なくとも私のことは、ごく単純に見ていただければ、簡単に理解してもらえるのにな……と思います。

単純でないもの、たとえば投機経済の隠れた主役とも言える**デリバティブ**。複雑このうえない仕組みを考え出してお金を増やしたり減らしたりして、人間の欲望をあおっています。そういうものに手を出したら、結局はろくなことにならないと思うのです。**ネットワークビジネス**なども、少し複雑なところがあります。その複雑な点を是正すれば、実に興味深く面白いビジネス手法だと思いますが、この一点だけが残念です。

次は、贅沢しても仕方ないから、質素なほうがいいと思います。私もこれまでいろいろやってみましたが、人間、「起きて半畳、寝て一畳」が結論でした。一日の三分の一ほどはみんな寝ているわけです。寝てしまえばどんな

化時代の波に乗り、携帯電話の代理店業務で驚異の急成長を遂げる。九六年には株式店頭公開、九九年には東証一部上場を果たした。上場後は関連会社の光キャピタルとともにベンチャーへの投資事業を展開中。しかし二〇〇〇年四月、同社が初めて営業赤字に転じ、大規模なリストラを迫られると株価が急落。

デリバティブ

金融派生商品。為替の変動、金利、株価、金融商品の価格変動リスクを回避し、低コストでの資金調達や高利回りの資金運用が可能となるために開発された。スワップやオプション取引を組み込んだ商品が多い。もともとはリスクヘッジを目的に開発されたものの、金融ハイテク技術を駆使して巨大なレバレッジを効かせたハイリスク・ハイリターン

豪華なベッドでも、安物の布団でも変わらない。贅沢には限りがないと思われがちですが、ある意味でよほどの天才でないと、人が驚くような贅沢はできないものです。

三つ目は効率的に。浪費しないで質素に生きることは、つまり効率的に生きるということでもあります。なるべくムダなことはしないのが正しい生き方です。

この考え方でみますから、資本主義はおかしいのではないかというのが、よくわかります。正しい生き方に反する仕組みとか欲望の刺激でやる気を引っ張り出しているのが資本主義のような気もする、というのがいまの私見です。

②苦痛なことはやらない

好きなもの、得意なもの、興味のあるものだけをやっていけばいいと思います。世の中の基本の仕組みはそういうふうにできているのです。嫌いなもの、不得手なもの、興味のないことをやろうとすると、人間は非常に苦痛を受けます。苦痛に感じること自体、生き方として正しくない証拠です。

③楽しく前向きに生きる

どんなふうに生きてもいい自由がある以上、悲しく苦しい生き方をするよ

型商品が主力。オフバランス取引で扱われているため、巨額損失を出した場合、最終決済するまでそれが表面化しない。

ネットワークビジネス
アメリカで誕生したマルチレベルマーケティングという商法のこと。紹介販売、組織販売、コミュニケーションビジネスともいう。第三者に商品を紹介することで、主催会社からマージンを受け取る仕組み。日本では「マルチ」と呼ばれ、イメージが悪いが、歴としたビジネスである。

りも、楽しく生きたほうがいいに決っています。これに説明の要がないのは、人間がそういう存在だと、みんなが知っているからです。

前向きに生きないと、楽しくなくなります。だから後ろ向きにはならないことです。

もちろん職業上からやむをえず後ろ向きのことばかりしなくてはならない人もいます。

そのようにやむをえない事情がないなら、常に前向きに生きるのが、人間にとって正しい生き方のようなのです。

私が人間の生き方だとか、世の中の仕組みだとかに強く興味を抱いてからいままでに、だいたい以上のようなことが見えてきました。世の中の実相といいますか、メカニズムを捉えたうえでの結論です。

この上で船井流経営法を体系づけてきたわけです。船井流経営法の原理は「共生」だと先にも書きましたが、共生の原理だからこそうまくいくのだと、いまは信じて疑っていません。

次章からは、いよいよ船井流経営法の実践編へと入っていくことになります。

第四章

時流は資本主義から本物主義へ

変化に過敏になる必要はない

激動の時代ですとか、変革の時代と言われて久しいですが、どちらかといえば、少し騒ぎすぎ、盛り上げすぎだと思っています。

確かに、新しいものが次々と登場してきて、話題についていくだけでも大変です。特に、ＩＴ（情報技術）の進歩は急で、インターネットが登場したことによって、個人レベルでは、これまで絶対のものだった国境さえ無きも同然、ということになってしまいました。これは一〇年前まではとても考えられなかったことです。

しかし、いま私たちの目の前で起っている変化は、これまでの経験や知識では説明できないものなのでしょうか。そんなはずはないのです。実は、変化の前には必ずその変化の徴候が表われているもので、それさえつかめば、将来の変化を、かなり正しく予測することができます。

なぜならば、世の中の流れは途切れることなく継続しています。しかもその流れは、ある一定の法則に従っているようだからです。複雑怪奇でわけがわからないように見えるのは、われわれの錯覚にすぎません。本当はもっともっと単純明快なルールにそって変化（あるいは生成発展）しているようですから、目の前の変化に浮き足立って、オロオロと右往左往する愚はなるべく避け、地に足をつけた経営を続けていけばいいのです。それで十分にやっていくことができます。

以上が、いつの時代も変わらぬ大前提です。

そのうえで船井流経営法のポイントを言えば、大きく分けると二つで、一つは「時流」をつかむこと、もう一つは「伸びる原則」に従うことです。この二つをきちんと押さえておくだけで、自分はもう時代に遅れてしまったなどと、いらぬ嘆きをする必要もなくなります。

「時流」と「伸びる原則」の関係についても触れておきますと、まず時流に合った経営をしていれば、伸びる原則に反していても会社は伸びていきます。同じように、伸びる原則に従って経営をしていれば、時流に反していてもその会社は伸びるのです。上手に生きる生き方も同様です。

いちばんいいのは、「時流」にも「伸びる原則」にも合致している経営で、こういう会社はすばらしい勢いで伸びていきます。個人としての生き方も、同じです。

時流というのは変わるものです。ですから、時流に乗ったという理由だけで伸びていた会社は、再び新しく時流が変わったら、たちまちうまくいかなくなります。時流だけを頼りの経営というのは、とにかく不安定ですから、経営コンサルタントの立場からはあまりおすすめできるものではありません。

その点、原則というのは常に変わらないものです。やはり、きちんと伸びる原則を押さえた経営や生き方が、基本中の基本ということになります。

それに加え、さらに時流をつかむことができればなお良い。このような順序で考えていただければよろしいかと思います。

時流のつかみ方

この章では二つのポイントのうち、主に「時流」のほうを扱います。

これまで堅実な経営をしてきたところは、各々が独自の経営方針を持っていて、そのままのやり方を踏襲していって大過ないものです。もちろんこちらの部分も、章を改めて船井流経営法の「伸びる原則」により再チェックしてみていただくつもりですが、時代の変化にまどわされる必要はないことを知っていただくためにも、最初に時流のつかみ方から入ったほうが良いと思います。

さっそく本題に入りましょう。

時流を知るには、「びっくり現象」を集めてみればいいのです。これから一〇年間の時流を知ろうと思ったら、過去一〇年間のびっくり現象を集めてくればほぼわかります。向こう一年間の時流なら、過去一年間のびっくり現象からわかります。

どんな現象にびっくりするかは、個人差があります。私の場合ですと、たとえば「ネットワークビジネスの時代」などは、びっくり現象の一つです。マルチ商法といわれるネットワークビジネスにディストリビューターとして参加している人の数は、日本だけでここ一年間で四五〇〇万人から六〇〇〇万人へと急増しています。日本の平成不況下にあっても、この業界だけは業績を伸ばし続けてきました。その勢いはさらに加速していて、今年(二〇〇〇年)中に参加する人が八〇〇〇万人を超えるのは確実視されています。

このビジネスについては『**21世紀はクチコミと自主性の時代**』(徳間書店刊)に詳しく解説しておきました。また、現在続編としてもう一冊、ネットワークビジネス関連の本を準備しています。とても興味のあるビジネスの手法です。ただし問題点も多くありますし、他にもびっくり現象は多いので、この本ではあえてびっくり現象には含めません。

21世紀はクチコミ～
平成一一年徳間書店発行。

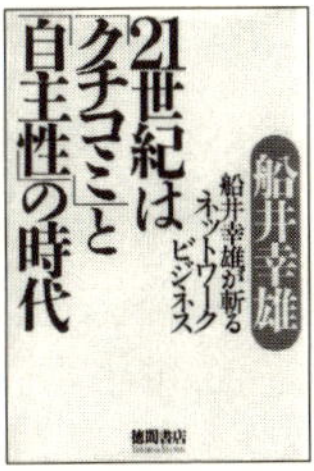

びっくり現象が多いのは時流が変わった証拠であり、少なければ時流は変わっていないということです。私の目から見ましても、ここ一〇年はびっくり現象が多くなっています。時流は明らかに変わっているようです。

その中から私が選んだびっくり現象は、

①ＩＴ革命
②資本主義の矛盾の顕在化
③本物化時代
④ＡＩ時代への変化の兆候

の四つです（ちなみに③「本物化」の詳しい説明は後述、④の「ＡＩ」はアナログコンピュータ化を示す人工頭脳の発達のことです）。

時流を知るには、この四つのびっくり現象のすべてを一括して説明できるような言葉、あるいは共通ルールのようなものを見つけます。見つけることができたら、それが「時流」ということなのです。

私はそれを、

――いまは資本主義の末期であり、近々「本物主義」の時代がやってくる。

とつかんでいます。

この面から考えれば、ここしばらく続出したびっくり現象はすべて説明できてしまいます。その元となった①～④はもちろん、先にあげた「ネットワークビジネスの時代」も同様です。すべてこの言葉、つまり時流の中に含まれています。

そしてもう少し踏み込んで言っておきますと、この時流から外れている、あるいは外れてはいなくても本流ではないような現象は、いくら激しい変化のように見えても、マクロで見れば一時的なものにすぎないのです。

たとえば、いますばらしい勢いで進んでいるデジタル化については、無視することはできませんが、ＩＴ革命を除いては現象面の変化の大きさの割には本質的なものではないと判断できます。デジタル化全盛の時代はそんなに長続きはせず、すぐ本格的なアナログ技術にとって代わられると思うのです。時流にそって考えてみると、どうしてもそういう答えが出てきます。

続いて先の四つのびっくり現象を、一つひとつ詳しく見ていきましょう。

ＩＴ革命で変わること、変わらないこと

ＩＴ革命とは、情報技術の進歩によって、世の中が劇的に変わってしまいそうだ、ということです。これは一つに、インターネットとＥメールの時代

と言っていいと思います。そしてまた、バーチャル（仮想、幻想）とリアル（現実）とが一体化してしまった時代だとも言えそうです。

具体的には、インターネットによってサイバースペース（電脳空間）が作られました。これを使った新しいビジネスがどんどん生まれています。サイバースペースにショッピング・モールを開いて商品を売るWeb通販がよく知られています。いまのところ、**アマゾン・ドット・コム**や**楽天市場**などが有名です。ただ、いま有名な、これらITネット小売業の各企業が将来とも伸びつづけられるかは疑問があります。

それから**テライユキ**。〝彼女〟はコンピュータグラフィックスで作ったバーチャルアイドルで、ただいま一七歳だそうです。フジテレビの深夜番組の司会などをやっています。

他にもキャッシュレス、チャット、音声認識……さまざまな情報技術が生まれてきています。こういう状況はまだしばらく続いていくでしょう。

それを端的に示しているのがインターネット人口の急増です。世界規模では、九六年に四〇〇〇万人だったのが、いまでは二億六〇〇〇万人にまで増えています（うちアメリカは一億人）。日本はいま二五〇〇〜二七〇〇〇万人ほどですが、四〜五年のうちには七〇〇〇万人ぐらいにはなるはずです。

アマゾン・ドット・コム
ネットでの書籍通販最大手。同社の魅力は、「時間がかからない」「在庫が豊富」「信頼性」「廉価」といわれるが、実際には書籍を売るだけではなく、様々な電子メールサービスによる顧客の囲い込みにより、顧客にとり唯一の選択肢となるようにサービス強化を行っている。また同社の強みは、インターネット上で買い物する時、顧客が名前、住所、クレジット番号を一度入力すれば、二度目以降は不用というワン・クリック特許にある。

楽天市場
一九九七年、三木谷浩史がインターネット上で始めた仮想市場。織田信長の「楽市楽座」が命名の由来で、成長は市場原理に任せている。楽天はネット商店街の先発組ではなかったが、出店料の安さやきめ細かい運なぜそんなことがわかるかといいますと、ひと言でいって、もうすぐ誰もが簡単にインターネットを活用できるようになるからです。三〜四年前までインターネットはパソコンでしか思うように利用できませんでした。ところがパソコンの普及は、だいたい人口の三〇％台くらいのところで止まってしまうらしいことがわかっています。これはアメリカも日本もそうです。

パソコンは、いまのところ、未完成品で操作が面倒で、特に年配の人はなかなかやってみようという気になれません。キーボードやマウスの扱いが、若い人たちのようにうまくできないのです。私もキーボードが早く叩けません。

ともかく、パソコンは実際には何に使われているのかを徹底的に調べてみたところ、ほとんどがインターネットとEメールであることがわかりました。インターネットとEメールだけなら、別にパソコンのような高価な面倒なものを使う必要はない。もっと簡単に誰にでもできて、しかもパソコンよりも安くてすむハードができるはずだ、ということになってきたわけです。

その研究がいまではかなり進んでいて、パソコンに代わる新しいハードが、二年ほど前から実用化され始めています。たとえば、アメリカのある電話機製造会社が、すでにそれに近いパネル型電話機を開発しました。指タッチで

営サービスを武器に最大手の地位を獲得。ポータルとしての広告収入も増加、オンライン・ショッピングの楽天というブランドを確立した。ネットオークションなど新規事業も積極展開中。店頭上場企業。

テライユキ

寺井有紀。日本初のバーチャルアイドル。一九九九年秋に写真集を発売、二〇〇〇年七月には歌手としてCDデビューを果たした。

©くつぎけんいち／フロッグエンターテイメント

インターネットやEメールに接続できるものです。これは、ペン入力や音声入力も完全にできるようになるといっていいようです。

携帯電話でEメールやモバイルを楽しむのも、もはやみなさん当り前のこととしてやっています。いまでは携帯電話一つあれば、インターネットもEメールも、ショッピングもバンキングも株の売買も何もかもできてしまう時代になりました。

こうなってくれば、インターネット人口は爆発的に増えるだろうと、誰にでも予測できます。

しかも、これにビジネスが絡んでくるのですからなおさらです。

いま、アメリカに本拠を持つネットワークビジネス大手の各会社が、インターネット用のハードつきネットワークビジネスで日本進出の準備をしています。来年には大きな話題になると思います。

ある会社はまず、新型の電話機を売る予定にしています。これはインターネットとEメールができる新しいハードの一つです。その電話機を持っている人は、その会社のWeb通販で買い物ができるようになっています。そこには二〇〇〇万アイテムぐらいの商品が揃っています。ショッピング・モールとして、インターネット用機器つきで進出してくるわけです。

私の手許にそのような電話機のアメリカモデルはあるのですが、日本のものがどういうタイプになるか、詳しいことまではいまはわかりません。

ただ、それらがネットワークビジネスの販売ルートに乗せて売られるだろうというのは、想像がつきます。このネットワークビジネスの目的はモノを売ってマージンを稼ぐことです。そのマージンの分配システムなど気に入らない点はありますが、それはさておいて、この場合、最初は電話機は高くとも、そのうち限りなく安くなるでしょう。そうして会員を増やせば増やすほどWｅｂ通販のほうの売上マージンが大きくなりただで配ってもいいから、Wｅｂ通販の会員を増やしたい。つまりハードよりも、Wｅｂ通販というソフトで稼ごう、という発想になるはずです。

この発想は、ＰＨＳをただで配って、通話料のほうで稼ごうとしているのと似ています。

ただで配るのはまずいでしょうから、一円です。誰でも一円払えばハードが手に入り、インターネットを利用できるようになります。

ハードはただにして、稼ぐならソフトで稼ごうという手法は、いま、いろんな企業が考えています。また、日本のソニーなどでも、プレイステーションを使って直販を始めました。プレイステーション・ドット・コムなどです。

世界を見渡せばもっとスケールが大きくて、世界一のプロバイダーの**アメリカ・オンライン**（＝AOL、会員二二〇〇万人）と、世界一の小売業**ウォルマート**が提携して、インターネット上に巨大なショッピング・モールを誕生させようとしています。AOLは**タイムワーナー**との合併で話題をにぎわしています。こうした動きはまだまだ続きそうです。

このような一連の動きを別な角度から見ると、IT革命によって企業と個人の情報格差がなくなった、とも言えます。

インターネットというのは、要するに世界中のパソコンが結ばれるということです。そこでは、いつでも、どこからでも、誰もが情報を発信できます。企業も個人も関係ありません。これは、ビジネスでいえば、大企業であるか大組織体と同じ条件の下で、個人が商売を始められるということでもあります。情報格差がなくなって、誰もが主役になれる時代でもあるわけです。

ただ注意しておくべきは、ハイテクだけでは商売はできない、ということです。

たとえば、私怨からの悪口情報などはインターネット上にたくさん出ています。しかし、そのような情報はほとんど信用できません。一部週刊誌とインターネットの情報というのは、いまでは信用できない代表格とまでいわれ

アメリカ・オンライン
一九八五年、スティーブ・ケース（現会長）により創設されたインターネット・プロバイダー企業。ネットビジネスの発展はコンテンツ重視という明確な方向性から、二〇〇〇年一月にタイム・ワーナーとの合併に踏み切った。同社は娯楽を起爆剤とし、医療、教育、家事などネットが一般生活全般に及ぶのを見据え、双方向コミュニティづくりを進める。

ウォルマート
世界最大のディスカウントストア・チェーン。比較的地価の安い郊外に低コストで倉庫型の店舗を建て、消費者に大容量の商品やケース単位での商品を販売することで、単位あたりの商品価格の引き下げを実現した。消費者が車で来店してまと

ています。いまはまだエゴ的発想の強い時代で、何もかも開けっ放しにするような人は少ないですから、インターネット上の情報は、すべて本当の情報が正しく流れているとは限りません。一〇％くらいは、どう考えてもいいかげんな情報でしょう。

したがって、商売をやるには、信用してもらうために権威やブランドが要ります。そしてハイタッチが要ります。Ｗｅｂ通販なら何でも通用するわけではなくて、結局はいままでと同じように「商売は信用が大切」なことに変わりはないのです。ですから私は、ブランドもハイタッチもある大手が慎重に準備をしてやれば、かなりの可能性で成功すると思っています。

資本主義は堕落した

②の資本主義の矛盾をいちばん目に見える形で確認できるのは、何といっても投機経済、つまり「マネーゲーム」です。そのばかばかしさ恐ろしさは、私に言わせれば正気の沙汰ではありません。

いま世界の**実体経済**は一日だいたい五兆円から一五兆円で回っています。ふつうに生産活動と消費活動をしているぶんには、人類は一日に一〇兆円あ

め買いした商品を持ち帰ることを前提にしており、さらに消費者が家庭で余分な商品を貯蔵することを前提にしている。

タイムワーナー
タイム誌発行元と映画会社ワーナーの合併による企業。豊富な映像ソフトを抱える同社はＡＯＬとの合併合意後、コンテンツ強化のため、英音楽大手のＢＭＩと音楽事業分野での統合を決定した。好きな時に好きな作品を呼び出せるオン・デマンドの映像配信サービスの開始を視野に入れている。

実体経済
実物経済。実際の商品やサービスによって行われる金銭のやりとりのこと。反意語にマネー経済。

れば十分なのです。それなのに実際は二〇〇兆円～二五〇兆円のお金が動いています。実体経済以外の二〇〇兆円強はすべて**ゼロサムビジネス**、誰かが儲けたら誰かが損をするというだけのマネーゲーム、何らの富も生み出さない投機経済に使われているわけです。

マクロにはまったく世のため人のためにならないことです。誰かが食いものにされて誰かが肥え太るだけですめば自業自得ですみますが、企業がこれに巻き込まれたりしますと、多くの社員にまで災いが及ぶことにもなります。一つの会社が消滅することなどは、それこそアッという間です。

日本でもつい最近、ＩＴバブル、ネットバブルが崩壊しました。

その惨状を記しておきます。

株価の大暴落で窮地に立たされている光通信が（時価総額の）減少額三位。二月十五日に最高値の二四万一〇〇〇円を付けたが、その後、二十営業日連日ストップ安という前代未聞の記録をつくり、わずか三か月で二十八分の一の八五〇〇円にまで急落。※① 時価総額も七兆五千億円から約三千億円に激減した。二月末時点で東証一部の時価総額九位に躍進した栄華は見る影もない。

（『夕刊フジ』二〇〇〇年五月二〇日付）

（※①光通信株は七月に入り、三千円台。ピークの七〇分の一になりました）。

ゼロサムビジネス
ある種のゲームのように、勝者の得点と敗者の失点を合計するとゼロになるビジネス。例えば、全世界の貿易総量が一定であれば、貿易黒字国の出現が、他方に必ず貿易赤字国を生むことになる。

この記事には、インターネット関連銘柄のそれぞれについて、二〇〇〇年の最高値をつけた時の時価総額と、五月一八日の終値から計算したそれとを較べて出した「時価総額減少ランキング」が掲載されていました（時価総額＝株価×発行済み株式数）。

光通信は右の記事のように第三位。約七兆円も減らしましたが、この額はニュージーランドの年間GDPに匹敵します。なおランキングの一位はソフトバンクで約※②一五兆円。こちらはポルトガルのGDPに匹敵する額です。たかが（と言っていいと思います）一つの会社の株価の上下によって、一国のGDPに当たるくらいのお金がこんなに簡単に消えてしまう恐ろしさ。どう考えても普通ではありません。

（※②たった三か月でも、このような状態。正常ではありません）

その他のランキング上位には、二位NTTドコモ（減少額約一一兆円）、四位ソニー（約五兆円）、五位NTT（約四兆円）、六位富士通（約四兆円）……、なお一株一億円をつけて話題になったヤフーは約二兆五〇〇〇億円で九位に入っています。

これら（ランキング上位の）三十銘柄の減少額の総額は約六十七兆円。国の平成十二年度一般会計予算（約八十五兆円）をやや下回り、国税収入見込み（約四十九兆円）を大きく上回る規模です。日本国民が汗水して稼いだ国内総生産（GDP、約五百兆円）の一三％が消し飛んだ計算になります。

これが一〇〇日足らずの現象ですから、こういう危ない世界に我も我もと有能な人が参加して、汗水流すのは愚か者のすることだ、といったムードさえでてきました。彼らは**デイトレーダー**と称してパソコンの前に座って、株価が上った、下った、と一喜一憂しているわけです。また、それらを煽る社会風潮も、たしかにあります。

それはほんの一握りの投機家を儲けさせるだけで、大半の人が損をすることだと思います。その一握りの投機家は、あれこれ変化がないと儲かりません。たとえば一円円高、あるいは円安にしようと思ったら、円やドルの買い支えのためにいま二〇兆円から三〇兆円は要ります。これが原油なら二〇〇〇億円ですみます。だからいま原油価格が急速に変動しているのです。そんな世界で無知な個人が勝負するのですから、少なくとも個人投資家がまともにやって、儲け続けられるわけは、あまりないのです。

その儲けている一握りの投機家にしても、やはり失敗はします。勝ち組の代表のように言われていたヘッジファンドの**ジョージ・ソロス**も、今年になって大損してしまいました。出した損失が二二〇〇億ドルということは、約

デイトレーダー
米国でインターネットの普及に伴って顧客層として出現した、自宅のパソコンを使ってきわめて頻繁な株取引を行う個人投資家。日本でも証券各社が相次いでインターネットによる廉価な証券取引サービスを開始したため、今後、爆発的な増加が予想される。ただ米国では、株取引での多額の損失が原因でデイトレーダーが無差別殺人を引き起こした例もある。

ジョージ・ソロス
著名投資家でありヘッジファンドの代名詞。一九三〇年ハンガリー生まれ。四七年英国に移住し、様々な職を経て、五六年に米国へ。ヘッジファンドの総帥として、巧みな国際投資運用で巨大な財を築いた。九二年には大量のポンド売りで一

二三兆円ということになります。彼もハイテク株で失敗したのだそうです。

アメリカの投資アナリストたちは、早い時期から「ハイテク株、ＩＴ株、ネット株などの株式公開企業の七五％は五年で消える」と言っていました。そして「しかし、それがもてはやされる」とも言っています。そのもてはやされるだろう五年間というのも、もうそんなに長くは残されていません。

私が非常に気になるのは、インターネット関係の小売業の若い経営者たちのことです。彼らは二〇～三〇代が主流で、若くして成功したと評価されています。

たとえば楽天は年商がたった六億円で公開しました。他のところも、**サイバーエージェント**が四億円、**インターネット**総研七億円、**メッツ**が九億円、**クレイフィッシュ**で一一億円にすぎません。こんなわずかな年商で、株式上場することで市場から調達したお金が、楽天は四六六億円です。他も同じように、サイバーエージェント二〇六億円、インターネット総研一〇八億円、メッツ六四億円、クレイフィッシュ二一八億円……。こんな実体のない錬金術をしてしまった人たちには、お金のありがたさもわからないだろうし、年齢的にバブル崩壊の恐ろしさも経験していない。本当に大丈夫なのだろうかと、大いに心配です。


〇億ドルを稼ぎ、「イングランド銀行を打ち負かした男」と勇名をはせた。九七年のアジア通貨危機の仕掛人ともいわれ、市場はそのカゲに脅えた時期もあったが、九八年のロシア危機で、主力のクォンタム・ファンドが巨額の損失を被って以来、歯車が狂った。

サイバーエージェント
インターネット広告代理店。ウェブ構築から電子商取引による商品販促に関するコンサルティング、既存メディアを含む広告まで手掛ける総合マーケティング企業を狙う。主力のネット広告分野に大手広告代理店が本格参入するなか、営業力に頼みの事業から、創造性やコンサルティング能力の強化への大きな転換が必要。マザーズ上場。

私にはインターネット小売業、サイバー小売業が、企業としてそんなに簡単に儲かる商売だとは思えません。というより、大半は、あっというまに経営危機におちいるでしょう。

世界一のネット小売ノウハウを持っている企業はいまのところ、アマゾン・ドット・コムということになりますが、いい例です。オンライン小売業の元祖と言っていいと思います。インターネット書店を作って、当時アメリカ最大だった書店**バーンズ&ノーブル社**をアッという間に苦境におとしいれてしまった会社です。

このアマゾン・ドット・コムは去年度の年商が一六〇〇億円くらいありま す。それで調べてみたら累積赤字が九〇〇億円ありました。アマゾン・ドット・コムは九七年に株式公開して、株価のピークは九八年の秋で、いまはそのときの半分以下です。それでも時価総額は五〇〇億ドル(五兆円強)になります。

累積赤字九〇〇億円の会社に、それだけの値打ちがあるわけがないのです。ましで日本でいまもてはやされているIT関連企業に、株価ほどの値打ちは常識的にはとても認めることはできません。

私とは、かなり見方がちがいますが、実に見事に納得できる論理で、この

インターネット総研
インターネット関連のシステム開発およびコンサルティング業務がメイン。今後は電子商取引のインフラ・サービス事業を展開。技術力には定評があるが、同社が目玉とするデータセンター事業の競争激化は必至。マザーズ上場。

メッツ
画像処理メーカー。画像ソフトのネット販売やASP(インターネット経由でソフトウェアの購入・利用を提供する)事業は動画送信の普及で需要増は確実。今後はパソコン以外のあらゆる端末向けのASP事業を展開。マイクロソフトなど大手ソフト会社との競合でコスト競争力が鍵となる。マザーズ上場。

クレイフィッシュ
中小企業向け電子メールサ

辺の現象を肯定的に解説した本に、**増田俊男**著『サイバー資本主義』（二〇〇〇年六月、太陽企画出版刊）があります。参考になりますので御一読ください。

これらすべての現象は、資本主義が悪い方向へ行きつきつつある一つの証拠だと思うのです。お金への欲望を追求しさえすればそれでいいという思想が徹底されますと、必ず投機経済へ行きつきます。それをマスコミが書きたてます。人はまともに、働らかなくなる。これがいま、いちばんわかりやすく表面に出ている資本主義の矛盾です。

そしてもう一つ。資本主義がおかしてしまった大きな誤ちに、地球環境の破壊があります。これにも、ぜひ触れておかなければなりません。

開発という名の地球環境の破壊がエスカレートしてしまった結果、私たちはいよいよどうしようもないところまで自らを追いつめてしまいました。いくら物質的な豊かさを享受できたとしても、肝心の地球が荒れ果ててわれわれが生きていけなくなったなら、何にもなりません。資本主義が持つ毒におかされた私たちの大半はいま、そんな簡単なことさえわからなくなっているようなのです。

たとえば地球温暖化。石油をふんだんに燃やし尽くし、二酸化炭素をまき

ービス「ヒットメール」を手掛ける。伊藤忠関連会社のシステムを使い、自らは開発事業に注力。親会社光通信の営業力と廉価販売で急速にユーザー数を増やしているものの、ASP事業への展開には疑問符。マザーズ上場。

バーンズ&ノーブル社
米国最大の従来型大型書店。モール型書店としても米国第二位。米国四九州で大型書店五二一店舗、同じく四六州でモール型書店四六六店舗を展開（一九九九年五月現在）。九七年にはインターネットによる書籍販売を開始。

増田俊男
国際金融専門家、時事評論家。慶応大学商学部卒。著書に「資本の意志が日本を復活させる」などがある。

散らしながら生産にいそしんでいるうちに、地球の〝体温調整〟まで妨げるようになってしまいました。

私は環境運動家の**レスター・ブラウン**さんとはセミナーで一緒に話したりして、注目しているのですが、彼によると一九七〇年には北極圏の氷の厚さは三mあったそうです。それが地球の温暖化で、いまでは一m八〇cmを切ってしまったと言っています。このままでいけば地球の温度はさらに何度か上がり、たとえば日本では二一〇〇年までに三～四度上がるらしいのですが、そのときには地球の海面は四九cm上昇する計算だと言っていました。

この四九cmの上昇というのは専門家によっても幅があり、一三cmと言う人から九四cmと言っている人までさまざまです。しかし、このままでは地球が危ないと言っている点は、どの専門家にも共通しています。

日本の温度が三～四度上昇すると、照葉樹林の四〇％が枯れてしまう。枯れると、酸素が十分に生成されなくなります。いい空気が出て来なくなるし、砂浜の八〇％は消える……。食料問題などはどうしようもない状態に追い込まれてしまうことになります。

以上、マネーゲームと環境破壊を考えてみるだけで、資本主義の矛盾の顕在化というのは十分に明らかです。私たちはいま、資本主義に代わる新しい

レスター・ブラウン
ワールドウォッチ研究所所長。一九三四年アメリカ生まれ。農務省勤務後、非営利研究機関同研究所を創設、現在に至る。年次発行の「地球白書」は環境問題のバイブルと言われる。

イデオロギーを模索しなければならない時期にきているのだと思います。

本物化現象が人をいやす

資本主義が人類を悪い方向へ、悪い方向へと導き始めているのに対抗するかのごとく出てきたのが、「本物化」という現象です。

資本主義の考え方とはちょうど逆で、地球を犠牲にしてまでモノを生産するのではなく、地球を良い方向にもっていくモノ（これが本物です）しか作ってはいけない時代になる予兆が出てきたのだと思います。

それを私は本物化と呼んでいます。いくつか、具体例を紹介してみましょう。

①**デュポン**社が開発した3GTというバイオ繊維。これはトウモロコシから作られるということです。ナイロンやポリエステルよりも丈夫で、しかも安価です。強くて、安くて、きれいでもあります。3GTで作った衣料であれば、飽きてしまったら土の中に埋めればいいのです。そうすれば勝手に分解して、土中で肥料になってくれます。……このような情報があるのです。

②某自動車メーカーが開発を進めているエコロジーカー。これはもうほとん

デュポン社
北米大陸の化学・軍需企業。フランス革命中にアメリカに亡命した一族がデラウェア州で火薬工場を経営。南北戦争や西部開拓時代に巨富を築く。その後化学工業に進出し、北米最大の化学コンツェルンを形成。

ど開発に成功しています。この車は「排ガス規制値を大幅にクリア」などというレベルは完全に超えていて、走れば走るほど空気がきれいになるというのです。

③国立水産大学校の**高橋幸則教授**らが取り組むグラビトン実験。グラビトンとは重力のことです。重力波を上手に当てると、海の魚がほとんど病気をしなくなります。それから有害な藻が発生しないなどの効果もあることがわかりました。その応用で九州にある五か所の鉄工所に重力波を当てる実験をしてみたところ、そこにある鉄は半年以上たっても少しも錆びないままでした。これは私も足を運んで確かめてきました。すでに実験段階を終えて、実用化されつつあります。

その他にも、履くといままでの靴の半分も疲れない靴ですとか、ほとんど重さを感じさせず、しかも身長差二〇cm以内ぐらいの人になら誰でもぴたりフィットするジャケット（私は共に愛用しています）など、ごく身近なものにもたくさんの本物技術が出てきています。ガンをほぼ一〇〇%克服したといわれている**横内正典医師**（横内医院院長）の治療法なども、明らかに本物技術です。

これら本物技術が持っている特長をあげておきますと、

高橋幸則教授

たかはし・ゆきのり。国立水産大学校教授・農学博士。人間の先祖である下等動物の免疫機能を調べることにより、マウスでは知り得なかった医学・生理学分野の新発見が得られるとの観点から、エビ類の免疫機能について研究中。本研究にて日本魚病学会賞受賞。

横内正典医師

よこうち・まさのり。医療法人社団永羅会横内医院院長。自らの病の治療から漢方薬と出会い、漢方医学に活路を求め、気功を取り入れた「究極の癌治療」を見出す。その画期的成果を日本癌学会で二度発表。漢方医学の認知に貢献。

▼つき合うものを害さない。
▼つき合うものを良くする＝蘇生化させ、そして調和させる。
▼高品質で安全、そして安心できる。
▼経済的である。

などということになります。本書内で「本物」と言うときは、これらの条件を満たしているものを指しています。

私自身も、本物と思われるものを開発しました。これまでずっと、この商品についてさまざまな角度から「本当に本物か？」を確認する作業を続けてきましたが、どうやら間違いがないようですので、ここに取り上げておきます。

④それは私と**佐々木學**さんが中心となって開発した「サーフセラ」です。本物であると確信できたため、サーフセラ株式会社を設立して世に広めていこうと決めました。

これはホッキ貝の殻を特殊高熱処理して粉末にしたものです。たとえば野菜に用いれば、除菌や殺菌の作用があります。これについては、日本食品化学学会発表論文集、日本食品工業学会誌、日本食品化学工学会報などに分析結果とともに発表していますので見てください。

佐々木學

一九四八年生まれ。抗菌製品などを扱うイオンコーポレーション代表取締役。サーフセラ代表取締役会長。日本原子力学会正会員。

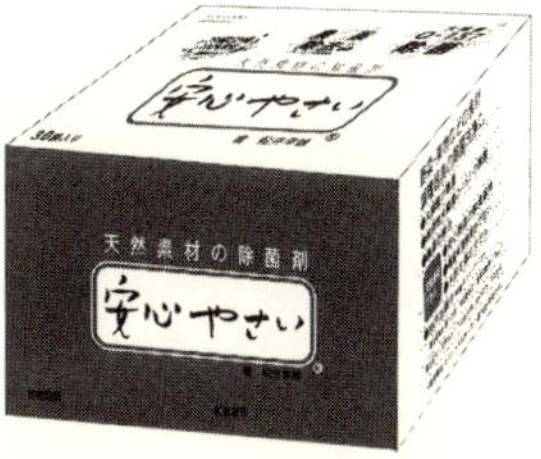

（サーフセラを商品化した安心野菜）

肉や魚、野菜や果物について除菌、殺菌の作用ばかりでなく、それらの鮮度を保ち、しかも味をよくします。また、サーフセラの水溶液に廃電池をつけると、かなり高い確率で復活する（再び充電される）こともわかりました。この効果を見出して報告してくれたのは、福岡県の中学教諭の室井智樹さんです。

電池が復活するのと同じく、人体には蘇生効果があります。それに不思議なことは、サーフセラはＰＨ12以上なのに人体に一切、無害だという事実です。ふつうＰＨ12以上の液体は皮膚に強い刺激を与えます。ところがサーフセラを入浴剤の代わりにしている人さえいるのです。しかも好効果が出ています。これは、東京女子医大元教授の前田華郎さん、佐賀県立病院外科院長の矢山利彦さんなどが確認してくれています。

最後に、サーフセラの素材の主産地となっている日本やカナダでは、ホッキ貝の殻は産業廃棄物なのです。つまり天然素材であり、しかもただ同然のものから作ることができます。

スペースの関係もありこのくらいでサーフセラの説明は遠慮しておきますが、サーフセラが先にあげた本物技術の特長をすべて満たしていることは、以上でおわかりいただけたはずです。

アイボ
ソニーによって「人とロボットの共存」を目指して開発された自立型ペットロボ

このように私までが本物技術の開発に関係できるのは、やはりそれが時流だからなのだと思います。何か見えない力に導かれるように本物技術を開発していく人たちが、これからはもっともっと増えてきそうです。

デジタル化からＡＩ時代へ

最後のびっくり現象はＡＩ時代の到来です。

ＡＩは「アーティフィシャル・インテリジェンス」の略で、ロボットに人間並みの知能を与える技術のことをさしています。デジタルコンピュータのように人間がプログラミングして動かすのではなく、自らが考えて動く人工頭脳のことです。

ソニーが昨一九九九年に「**アイボ**」というロボット犬を発売しました。一体二五万円で売り出してみたら、あっという間に一万五〇〇〇体が売れたそうです。これが精密生物ロボットの製品化第一号ということになります。

アイボは飼い主の意向に従って、拗ねて横を向いたり、吠えたり唸ったりします。機嫌が良かったら尻尾を振って甘えます。アイボは犬ですが、そんなに遠い将来でなく人間のロボットも出てくると思いますし、ＡＩ時代がく

ット。アイボは二五万円という価格にもかかわらず、一九九九年六月に五〇〇〇台を日米で販売したところ、日本では二〇分で完売、追加分の一万台の予約申し込みも、国内だけで一三万件以上に達した。これを受けてソニーはアイボを、二〇〇〇年四月以降をめどに月産一万台規模で量産化する方針を明らかにした。故障の問い合わせも少なく、製品サポートのめどがついたことから、パソコン「バイオ」を生産する長野県の生産子会社で量産体制を構築する考え。

るというのが確信に近い予測です。

　私たちがふつうにコンピュータと言うときは、デジタルコンピュータを意味しています。「0」と「1」の二種類の信号を使った計算機で、いわばソロバンを機械化したのと同じです。この種のコンピュータは、第一世代から始まって、いまは第五世代コンピュータまで進んでいます。第五世代コンピュータは日本が初めて世界に提案したものです。当時（一九八二年ごろ）は**NASA**（アメリカ航空宇宙局）の高官が「これは大変なことが始まった」と驚いて、欧米があわてて国家レベルで第五世代コンピュータの研究プロジェクトを立ち上げたというエピソードが残っています。

　第五世代コンピュータは、専門的に言いますと「論理計算の並列化」などの成果をあげたのだそうです。しかし、産業界には強いインパクトは与えませんでした。

　いまIT革命を起こしているのは、一世代前の第四世代コンピュータです。ワープロ、ゲームソフト、マルチメディア、**ウィンドウズ**などは、すべてこの世代の技術になります。別にコンピュータの専門家でなくとも、一般の人が自分のパソコンを使って手軽にコンピュータ技術の成果を利用できるようにしたところが、第四世代コンピュータの功績なのです。これによって世は

NASA
米航空宇宙局。大統領直属の宇宙科学技術開発機関として一九五八年に発足。宇宙計画はもとより、軍用ロケット等の研究、実験を行う。科学技術の粋を集め、七二年からのスペースシャトル計画で活発な活動を示してきたが、東西の冷戦が終結して以来、その存在感は陰りを見せている。

一気にコンピュータ色に塗りつぶされた感があります。

しかし、いずれにしましても第五世代のものまでは、人間がプログラミングしてやらないと動きません。

この第五世代コンピュータに動物の感情らしきものを入れたものを、第六世代コンピュータと呼びます。アイボは第六世代コンピュータなのです。

さらに理性が入ると第七世代コンピュータとなります。その上の第八世代コンピュータは良心まで入ったものだということです。もうすでに第八世代コンピュータのモデルができています。コンピュータに感情や理性、良心を与える研究をしているのがＡＩ技術者たちですが、彼らは非常に優秀です。ワープロやウィンドウズも、もともとＡＩの分野から生まれてきたものでした。

第六世代から上はＡＩの領域です。ここまでくるともうデジタルの発想では対応できなくなります。ですからＡＩで使われるコンピュータはデジタルコンピュータとは差別化して、アナログコンピュータであると捉えておいていただくといいでしょう。

世界のＡＩロボットの第一人者は私の知人にでも二人います。そのうち一人は日本人です。

ウィンドウズ
マイクロソフト社が開発したコンピュータを操作するための操作環境を提供する基本ソフト（オペレーティング・システム）。アプリケーション・ソフトは基本ソフトの上で動くように作られている。八〇年代中盤から九〇年代後半にかけて、パソコン用基本ソフトとして、ウィンドウズは事実上の標準だった。ここ数年、対抗馬としてリナックスが台頭。

まずマサチューセッツ工科大学（ＭＩＴ）の**ロドニー・ブルックス教授**。ＡＩ理論の第一人者です。そしてアプライド・ＡＩ・システムズ社社長の**五味隆志**さん。こちらはＡＩロボット作りの第一人者です。この二人はお互いを認め合っています。「理論のブルックス、技術の五味」という図式で世界のＡＩ界をリードしているのが現状です。

お二人とも親しくさせていただいていますが、最初に五味さんとお会いしたのは一〇年ほど前です。船井総研の会長室に訪ねてきてくれました。いろいろな大学の先生や研究者と一緒に見えました。

そのとき五味さんは、作ったばかりのロボットを持ってきてくれました。幅二〇cmくらいのロボット二体でした。机上に幅六〇cmくらいの衝立をつくり、その中でお互いに向かって歩かせてみると、一回目はそのまま突き当る。二回目は、突き当ったとたんに片方が回れ右して逃げだした。そして三回目は、衝立の中で二体が右と左に分かれて前方へ歩いていきました。

つまり「学習するロボット」です。一回一回の経験を記憶して、それをもとに自分の行動を決められる能力を持っていたのです。

それが一〇年前。いまはもうあのときよりもはるかに進んでいます。

たとえば大きな鉄道の駅の清掃ロボットはいまはデジタルコンピュータで

ロドニー・ブルックス教授

科学者。一九五五年オーストラリア生まれ。昆虫がそれほど複雑でない処理系で柔軟な行動をとることに着目し、条件反射のようなルールを組み合わせて、昆虫型ロボットを開発。人間型ロボットの完成を目指す。夢は人間の脳の再現。

五味隆志

ごみ・たかし。工学博士。人工生命分野の世界的パイオニア。一九四〇年東京都生まれ。早稲田大学卒。オタワのベル・ノーザン研究所研究員、カナダ原子力公社技官を経て、八三年、人工知能（ＡＩ）の研究開発を行うアプライド・ＡＩ・システムズ社をカナダで設立。産業応用に向けたロボットの開発を進める。

作られたもので、一体が二億円くらいするだろうということです。しかし、それをアナログコンピュータで作れば、二〇〇〜三〇〇万円でできるといいます。きちっと掃除をして、終ったら自分の定住場所に帰ってきて、自分の体をきれいにして、時間が来たらまた掃除に出ていく。そういうロボットが、しかもはるかに安くできるわけです。

どちらが「本物」かといえば、これはもう文句なくアナログコンピュータだと思います。

いま五味さんは、本拠をカナダにおいて活躍中ですが、日本では秋田県で介護用ロボット、建設省で土砂崩れ監視ロボットなどを作っています。どんどん人間に近いロボットができてきそうです。

私はこれからはアナログコンピュータの時代になると思っています。もともと人間はアナロジーな存在ですから、早く人間に近いコンピュータができたらいいなと考えていたのが、五味博士やブルックス教授と知り合って確信に変わりました。デジタルコンピュータはいいところここ二〇年の寿命でしょう。さらに一〇年たったころにはアナログコンピュータの時代になっていると思えます。

デジタル化は環境を破壊はしても良くはしないように思いました。デジタルコンピュータは資本主義の最後のパートナーかもしれません。しかし、これもIT革命のために必要なのです。だが、次の本物主義時代にはアナログコンピュータが新しいパートナーになってくれると思います。

いまは大変革前夜

ここまで説明してきた四つのびっくり現象を改めて記してみますと、①IT革命、②資本主義の矛盾、③本物化時代（本物主義）、④AI時代、ということでした。

すでにお気づきの方も多いと思いますが、時流を物語るこの四つの現象には、次に来るだろう時代に逆行しているもの（特に②）と、向っているもの（③、④）とが混在しています。実はこれは、いままさに時代が変わろうとするときの、大きな特徴の一つなのです。

これまでも、常にそうでした。近年で大変革が起きたと言われる時代を考えてみますと、明治の初期、そして終戦の昭和二〇年代などがそれに当たります。そしてこの両方に共通しているのは、大変革が起きるだいたい二〇年くらい前から、「そのときの仕組み」が〝大あがき〟を始めていることです。

明治の前までの「そのときの仕組み」は江戸幕府ということになります。幕末のころ、幕府は大あがきをしました。たとえば参勤交代をやめた、長州征伐を行い、新撰組を作った、というように結果としてことごとく時の反対勢力を勢いづけてしまったようなことばかりしています。幕府には幕府なりの思惑があってのことに違いないのですが、打つ手、打つ手がすべて裏目に出てしまっているのです。

それが時流というものだと言われれば、まさにその通りです。

ただ、一つだけ注意しておいていただきたいのは、江戸時代の人たちには、長州征伐や新撰組の勤皇浪士狩りが幕府の大あがきには見えなかっただろう、ということです。むしろ、やっぱり幕府を怒らせると恐い、と幕府の力を再認識した人のほうが多かったと思います。大あがきは、一見すると「そのときの仕組み」がかえって強くなった印象を与えるものなのです。

昭和初期には、軍閥、財閥が大あがきをしました。金解禁、満州国建国、日独伊同盟……。これも当時の日本国民は「満州国建国万歳、日独伊同盟万歳」というムードの中にいたはずだと思いますが、やはり時の政府が手をつけたことは、ことごとく失敗に終っています。

この二つの変革期を分析して、私はある仮説を立ててみました。よく「宇宙の意志」という言葉を使うことがあります。これは一章に書いた松下幸之助の「宇宙の根元力」とだいたい同じものです。地球上で起っているさまざまなことには、ある何か大きな力の存在が関係しているようだ、ということです。それを「宇宙の意志」と呼んでいます。

さて、その仮説は次のようなものです。

――大変革の直前には、時代の流れが変化を始め、その流れに対して時の権力が何とか巻き返しをはかろうと大あがきをするが、結局は虚しく失敗に終わる、というのが時流の変化時に「宇宙の意志」が示す現象である。……という仮説です。

これと同じようなことは、たとえば「**コンドラチエフの波**」などでも言われています。コンドラチエフの波は、時代は六〇年周期で変わっていく、という考え方を表わしたものです。時代が六〇年ごとに変わっていくとは思えませんが、何か時代が変わる法則のようなものがあるはずだと思っている点で、参考にはなります。

コンドラチエフの波では、六〇年周期の最後の一一年間、つまり時代が変わる直前の一時期を〝冬の時代〟と呼んでいるのです。

その冬の時代に一昨年（一九九八年）から入りました。その前の冬の時代

コンドラチエフの波
技術革新の集団的発生に起因する景気循環の長期波動のこと。ロシアの反体制派経済学者のコンドラチエフ（一八九二～一九三八）が唱えた。

は昭和一三年（一九三八年）から二四年までの一一年間で、大変革の年だった昭和二〇年も、この期間の中に含まれています。今度もまたコンドラチエフの波に従って大変革がやってくるのかどうか、それは断言できませんが、どうやらやってくることになりそうだと思っています。

現在もこれまですでに、いろんなことがたくさん起こりました。ソ連邦が消滅し、ベルリンの壁がなくなった。日本ではバブル経済が崩壊して、下落した土地の価格がいまになっても上ってきません。土地神話の崩壊は、日本においては決してありえないと大多数の人が信じていたことです。これも時の政府が行った「**総量規制**」に端を発したものでした。

やがてくる新しい大変革のときまでには、まだまだいろんなことが起るでしょう。とにかく時の権力でさえ、目先のことさえわからなくなっているのです。

もちろん資本主義も現在の代表的な権力の一つですから、資本主義は最後の大あがきを始めます。いや、もうそれはすでに一〇年前から始まっています。

総量規制

昭和六〇年以降、銀行による不動産向け貸出残高が急速に伸び、六二年三月末には全国銀行の不動産業への融資残高の構成比が一〇・二％に達した。この間大蔵省は二度にわたる通達を出し、投機的土地取引に関わる融資を慎むよう指導したが、効き目はなかった。同省は平成元年一〇月、ノンバンクに対する融資についても十分な審査を行うよう指導。さらに平成二年三月には、銀行局長通達で、総量規制を実施。不動産業向け貸出の伸びを総貸出の伸び以下に抑えるよう、各金融機関に要請した。

そして新しい時代へ

びっくり現象の②資本主義の矛盾で扱ったマネーゲームと化した投機経済などは、大あがきの最たるものです。そして、他の大変革期のときと同じように、いま、アメリカ経済の見せかけの成功などを見ますとかえって資本主義が勢いづいたように見えています。

しかし、それもあと二〜三年のことでしょう。その後からは、資本主義は次第にソフトランディングに入り、その時代的な役割を終えて静かに消えていくはずです。

ただし、資本主義が大あがきを続けるだろうここ二〜三年は、あるタイプの人たちにとっては、大儲けできるチャンスでもあります。それは否定しません。しかし同時に、二度と立ち直れないような大打撃を受けかねない危険きわまりない二〜三年であることも、肝に銘じておいたほうがいいと思います。

コンドラチエフの波に従うと、今度の大変革期は二〇〇九年ころにやってくるということです。私もだいたい同意見で、二〇二〇年になると、世の中はいまとはガラッと変わっていると思います。

マクロで見るとそのころの世界は、競争から共生へ、浪費から節約へ、秘密から公開へ、分離から融合へ、エコノミーからエコロジーへ、デジタルからアナログへ、エゴからエヴァへ——。また、資本主義とデジタルコンピュータがこれまでの世の中を作ってきたように、本物主義とアナログコンピュータが新しい世界を作っていく原動力になろうとしているはずです。

現在の時流からやがて来る新しい時代の姿を予測すると、以上のようになります。

船井流経営法では、マクロな視点で捉えた未来像を持ち、そのうえでこれから数年、あるいはここ一年とりあえず何をやればいいのかを考えていきます。たとえ目先のこと一つを行うにしても、このようなトータルな視点をもっている人といない人とでは、自ずと取り組む姿勢が変ってくるものです。

そしてまた、そのような経営でなければ、本当の意味での地に足のついた経営法とは言えないと、思っています。

第五章

コンサルティングの現場から

まずは長所を探す

時流をつかんだら、次はより大切な「伸びる原則」をマスターして、実際の経営に生かしていくことを考えてください。

船井流経営法の原則的ノウハウは、大きく分けて二つあります。一つは「即時業績向上法」であり、もう一つが「ベストの組織体づくり法」です。この二つのそれぞれはまた、何項目かに分かれています。

最初にその内容をまとめて紹介しておきますと、次の通りです。

1 即時業績向上法

(1)長所伸展法
(2)圧縮付加法
(3)主力づくり法
(4)包み込み法

2 ベストの組織体づくり法

(1)すばらしいトップがいる
(2)人財づくりのシステムができている

(3)自由である
(4)一体化している
(5)管理がよい
(6)みんな笑顔が絶えず親切である
(7)本物化を志向している

まずはこの内容をプログラムにして、この順番に書き進めます。なお、2ベストの組織体づくり法は、一章で「後に詳しく説明する」と予告しておいたものです。(1)~(7)については、ベストの組織体が持っている特長であり、組織づくりをしていく際の「目標」と考えていただければいいと思います。

先にハーバード大学のビジネススクールの人たちが船井流経営法の分析をしてくれたことは書きました。実は、ヨーロッパのあるビジネススクールも同じように分析してくれたことがあります。両校はいくつか共通した結論を出してくれました。

その一つに、船井流経営法は長所を伸ばすことによって業績を向上させる経営法、というのがあります。

確かにその通りで、これは即時業績向上法の中に色濃い要素として含まれています。

1 即時業績向上法

いくつかの具体的ノウハウの中から主なものを四つ紹介します。九九・九％の業績アップを三か月もかからずに達成できるのは、特に最初の二つ、(1)長所伸展法と(2)圧縮付加法にあずかることが大です。(3)主力づくり法は即時業績向上の要素以上に以後の安定成長に寄与し、(4)包み込み法は特に不振の大型店などに有効です。

(1)長所伸展法

私が船井総研のコンサルタントたちに言っていることが二つあります。まず、「君たちが得意先で何をやってこようと、私がすべて責任をとる覚悟でいる」。そして、「ただし得意先＝顧問先の欠点を指摘するようなことだけはするな」。この二つです。

時には、「欠点を指摘して仕事をしたつもりになっている者は即時クビにする」とまで、もちろん本当にクビにはしませんが、言うことさえあります。

経験からいって、欠点を指摘して良くなったためしなし、といってもいいからです。欠点はこちらが指摘しなくても、自分のことですから、相手のほうがよく知っています。欠点は、その部分には触ってはいけない、というシグナルです。これは人間にも会社にも通じます。

自分の使命を果たすために、人は長所を持って生まれてきます。逆に、その人がしてはいけないことというのもあって、それをやっても失敗するだけだからやめなさい、という意味で欠点があるのです。長所を生かして生きていくのが、自分の使命を果たすための正しい生き方です。欠点を矯正して無理にでもできるようにしなければならない仕事など、この世に存在しません。そんな仕事はその人の任ではなく、ましてや使命ではないのですから、やってはいけないのです。やれば必ず失敗します。これが過去三〇年、世の中の構造や、存在するものの使命を研究してきた私の結論です。その理由や根拠は、私の多くの既存著書に述べているのでぜひ御参照ください。

ですから船井総研のコンサルタントたちは、顧客先に行くと、まず長所探しから始めます。

優秀なコンサルタントほど長所を見つけるのがうまいのです。人にはいろいろなタイプがあって、相手のアラ探しが非常にうまい人がいます。たとえば、誰に会ってもその人の欠点をあれこれあげつらい、自己満足するような人。この場合、相手の長所はあえて見ないような癖が身についてしまいますし、自分が努力して成長することでその人に追いつき追い越そうという前向きの姿勢も育ちません。こういう人は人間としても感心できないですが、経営コンサルタントとしては一〇〇％ダメな人です。

企業を見た場合でも、全体としては低調でも、その中で何か売れているものが一つくらいあるのではないか。業績の悪い会社を何とか支えている部署はどこか。立地条件の中に思わぬ長所が隠れてはいないか……。とにかく長所を探し出すことです。そして、その長所を伸ばしていくことを考えていきます。これが長所伸展法です。

売り場の密度を高める

長所伸展法でやろうとしても、長所が何かわからないという人もいます。会社でも同じで、たくさんの顧問先の中には時にそういうところも出てきます。

御社の長所は？　「いえ、長所ありません」。伸びているものは？　「何も伸びていません」。売れているのは？　「何も売れてません」。冗談ではなく、こういう会社もたまにはあります。業績だけでなく気持まで落ち込んでしまい、何も見えなくなった状態です。

そういうときは、こちらで長所を見つけ、売れているもの、伸びているものを探し出してやらないといけないのです。その探す方法が圧縮付加法です。

(2)圧縮付加法

たとえば衣料品の小売店を例に説明してみます。

売り場三〇坪の小さな小売店を考えましょう。これでもし年間六〇〇〇万円くらいの衣料品を売上げていれば（それでも赤字なのですが）、その店では何が売れているか、何が得意か、何が効率いいか、だいたいわかります。ところが三〇坪で三〇〇〇万円しか売り上げていない店ですと、そういうことがまったくわかりません。お店の人も何をどうしていいかわからず、お手上げ状態でボヤーッとしているだけです。

そういうときどうするかというと、意外に簡単です。これはコツですから、やれば誰にでもできます。

三〇坪の売り場でしたら、衝立かカーテンで、一〇坪と二〇坪とに仕切ります。そして、これまで一〇坪のほうに入っていた商品を、二〇坪のほうに移して詰め込むのです。従業員も詰め込んでしまいます。三〇坪に入っていた商品を二〇坪の中に詰め込めば、ゴチャゴチャとした感じになるのは当然です。それが狙いでもあります。

すると、年間三〇〇〇万円の店であれば、だいたい四〇〇〇万円くらいにまで伸びるのです。三〇坪の売り場を二〇坪に圧縮しただけで、売り上げが一・三倍強に伸びたということになります。

こうして二〇坪で年間四〇〇〇万円の店になれば、何が売れているか、伸びているか、効率がいいか、得意か、わかるようになります。つまり、長所が見つかるのです。これを伸ばしてやればよいのです。

その結果、二〇坪で五〇〇〇～五五〇〇万円と売り上げが伸びてきます。

今度は衝立やカーテンを取り払い、売り場を元の三〇坪に広げてやります。休眠していた一〇坪のぶんには、長所とわかった商品をさらに増やして（新たに付加して）広げるのです。そういう商品を私は、「つきのある商品」と呼んでいます。

これで最初は三〇坪三〇〇〇万円だった店が、かんたんに六〇〇〇万円になります。売り上げ倍増です。

そこでまた、同じことを繰り返して、二〇坪に詰め込みます。このとき商品の種類は減らしません。つきのある商品を増やす一方で、たとえ売れなくて効率が悪いものでも、数は減らしてもいいですが種類の豊富さは保つように、そのまま置いておきます。これで今度は七〇〇〇～八〇〇〇万円の売り上げになる。二〇坪での売り上げです。

これを三〇坪に戻せば、三〇坪九〇〇〇万円のお店になってしまいます。これで儲かるようになります。

以上が圧縮付加法の一例です。

圧縮付加法は、言ってみれば密度を高めることによって売り上げを伸ばす手法です。ヒトもカネもモノも、ある程度の密度がないと、経営採算に乗りません。業績が悪いのは、だいたい密度が薄いのです。そこで密度を濃くしてやる。三〇坪の店を二〇坪にする例で説明しましたが、一〇〇坪の店なら五〇坪と半分に圧縮する（密度を倍にする）など、考え方の基本は同じです。

これで一年間ぐらいで売上げも利益も、二倍から三倍にはなります。圧縮→付加→拡大をたとえば六か月ごとに繰り返していくと、お店の人は非常に明るい毎日を過ごすことができるようになるのです。

競争しないで儲ける法

かつての私といまの私の大きな違いは、発想が「競争」から「共生」へと変わったことです。繰り返しこれは言ってきましたが、船井流経営法のノウハウの一つ、主力づくり法はそういう私の考え方から、特に重視しています。

(3) 主力づくり法

主力というのは、自分が得意であることはもちろんですが、競争相手に較べて絶対的に強い、というよりも競争相手が正面きって競争に打って出てこれない商品のことです。主力にするくらいですから、当然ながら需要もある商品ということになります。こういうものがあると、会社はうまく伸びていけるのです。

悩むことはありません。独自固有の長所、各自がいちばん得意とするものを伸ばしていくと、だいたいは大丈夫です。主力が見つかります。

長所伸展法の延長上で、主力づくりもできるというわけです。

私がその経営内容をよく知っていて、しかもいま勢いよく伸びている中小企業を一〇〇社ほどリストアップし、その中から注目度が高い会社をさらに一五社ほどに絞り込んだことがあります。今年（二〇〇〇年）の初頭のことです。すると、この一五社は一社の例外もなく、主力商品づくりに成功しているところでした。

このときの私の分析は、「時流対応型経営法」として、この章の後半に扱います。

一つ二つ例としてあげておくと、堅田漁業協同組合の経営している日本一の魚市場の**白浜とれとれ市場**（和歌山県）などは、魚を作るプロたちが経営している市場なのです。千数百坪の売場にとびきりの魚が並んでいますので、一般の小売業者が、とれとれ市場と外見だけ同じような商売をしても、なかなか上手くいかないのです。伊賀のモクモク手づくりファーム（前出）では大量生産の欠点をいっさい排除した手づくりハムが主力です。ここはその他にも、地元密着型の強味を生かした地ビール、伊賀豚など、いまもさらなる主力づくりに力を入れています。

私たち船井総研自身もそうです。いまこうして解説している即時業績向上法というのは、他のコンサルティング会社ではどこもできません。この手法については競争相手もいませんでしたし、いままでに競合したことも一度もありません。

即時業績向上法、そしてすでに記した組織の上へ上へと難しい仕事が上っていって最終的には全コンサルタントで解決するシステム。この二つを主軸とした船井総研の実際のマーケティング面のノウハウについては、競合相手はいないといっていいでしょう。つまりこれは船井総研にとっての主力商品ということになります。

私はみなさんがマネーゲームに参加されることにはどちらかと言えば反対

白浜とれとれ市場
鮮魚市場。堅田隆弘代表理事組合長。一九九五年、南紀白浜の漁協の跡を取った堅田氏が山を切り拓いて総面積一万五〇〇〇坪、加えて日本最大の無料駐車場（一万五〇〇〇坪）を持つ同市場をオープンさせた。続いて、その向かい側にアウトドア型「ガーデンハウス（敷地面積一万五〇〇〇坪）」を建設。以降五年間で年商四八億円に急成長。観光客目当てでない地元密着型、生活密着型の生鮮食料品売場として成功。

ですが、基本的にはやはり対応策は即事業績向上法と同じだと思うのです。マネーゲームはあやふやなものであろうとも、何かの実体経済の動きに比例してお金が動くことに変わりはないのですから、必ずどこか即時業績向上できるようなついているところを主力として、そこへお金を投入していかざるを得ないでしょう。マネーゲームであってもお金を投入する主力商品的なものを作らざるを得ない、と思います。

強い商品にのれ

最後の「包み込み法」は大型小売店とか、大企業であればあるほど効果的な業績向上法です。しかし、小規模な店であっても、効果があることには変わりありません。

(4)包み込み法

この方法は昔、阪急百貨店に教えてもらいました。昔の阪急百貨店の本店は恐ろしく商売がうまい店で、特に食品は日本一だったと思います。何千坪もある食品売り場を持っています。

やり方としては自分の店の商圏、具体的には阪急沿線によく儲かっているという店があったら、そこの店を見に行って売れている商品は何かを調べてくるようです。たとえば、豊中市の豊南市場の中にあるAという店の魚の評判がいいと聞くと、店を見に行って研究するわけです。そしてそれと同じような店を自分のところにつくるのです。一日か二日では無理でも、三か月もすればそっくりそのままの店ができるようになります。

魚だけでなく、商圏内でいちばん強いと言われている食品店をぜんぶ集めてきたような百貨店でした。しかも、自分のところ独自のものも、やはり置いてあります。これをやるにはかなり広い売り場、まず食品だけで二〇〇〇坪くらいの売り場がないと完全にはできませんが、阪急にはそれがありました。

阪急の食品売り場には、商圏内の強いもの、つまり消費者にとっては買いたいもの、がほとんどすべて揃っていたのです。そのうえ、他の店にないものも置いてありました。商圏内の同業店を包み込んでしまっていたわけです。阪急の食品売り場は、それで日本一になりました。

ただし、いくら包み込み法が強力なノウハウでも、店員がボンヤリしている店ではダメです。そういう経験をして、やはり経営は人だな、と改めて思ったことが何度かあります。あえて例はあげませんが、包み込み法のための十分な広さの売り場面積を持っているのになかなか業績を上げられないところは、包み込み法を知らないか、社員がボンヤリしていて包み込み法を使いこなせていないか、どちらかです。

逆に人がしっかりしていれば、十分な売り場面積がないところでも、それなりの効果はあげられます。

非常にシンプルに言えば、売れている店に行って売れている商品を買ってきて、自分の店に置けばいいのです。それにプラス、その店にはない自分のところの商品も売場をつくって置いておきます。狭いなら狭いなりに、その中でできるだけのものを集めてください。これは非常に重要なことです。

あるいは圧縮付加法を試みて、ついている商品を増やし、つきのない商品を減らしていく際に、この方法をためしてみるのもいいでしょう。つきのある商品と、どこかの店で良く売れている商品とで一杯になった売り場は、お客さんにとっては必ず魅力的に映るはずです。どの店の何がよく売れているか、敏感に捉えている人（ボンヤリではない人）であれば、このぐらいのことはすぐにできます。

小さなお店のケースでは包み込み法というネーミングは似合わないかもしれませんから、「包み込み法を応用した戦略」と考えていただければいいと思います。

長所伸展法、圧縮付加法、主力づくり、そしてこの包み込み法と、この四つを組み合わせますと、だいたいは何とかなるものです。ここでは小売業を例に説明しましたが、私の言わんとしたことを参考にされて、それぞれの業種業態に合った業績アップの方法を考えてみてください。正しく応用してもらえば、まったく間に業績アップにつなげられるはずです。

トップのための「一〇の行動指針」

会社は組織体です。そして組織は人の集まりです。

仕事は人がやるものですが、組織でやるとより効率的にできます。そのうえ、いったんすばらしい組織を作りあげることができれば、その会社は〝元気〟で〝長生き〟できるのです。

会社の価値は、どれだけ社会に貢献したかで決まりますから、元気（よく稼ぐ）で、しかも長生き（人を雇い続け、税金を払い続ける）することが大切になります。

会社の業績アップの面からも、社会性の面からも、ベストの組織体づくりは欠かせない条件なのです。

2 ベストの組織体づくり

組織も人です。ですから、人をシステムに合わせるより、システムを人に合わせるのがよいというのが、基本的な船井流の考え方になります。人に合わせたシステムというのは、具体的にはみんながトップの意向に沿って働く組織です。社員はトップに一体化しなくてはならない。何といっても、この形がいちばんうまくいきます。

その代わりトップは、社員から「すばらしいトップ」と認められる必要があります。でないとこの形は難しいのです。

(1) すばらしいトップがいる

第三章でトップの要件として、成功者癖、人財度、包み込み力、人間性の四つをあげておきました。あれで十分なのですが、ここでは多少の重複は承知の上で、トップのための「一〇の行動指針」として具体的に記しておきます。

①批判と妬きもちと自慢は表に出さない……人間は程度が悪い人ほど批判と妬きもちをやきたがります。一種の人間の性《さが》とも言えますが、ついつい批判の気持が湧いたり、妬きもちという私情を仕事にはさんでしまいがちです。

それは仕方ないにしても、実際にそのような行動をとったり、また抑えられずに表に出してしまうようでは、トップとしては失格だと思います。周辺の人たちから軽んぜられ、信用も落とします。

②本業以外では儲けない……利他行為であれば、本業でなくともむしろしたほうがいいのですが、それでお金を儲けてはいけないようです。やるのなら本業以外は無償でやるべきです。利他行為は無償でやる。これは特にトップの心得としては重要になってきます。

松下幸之助さんの偉さというのは、「儲かるから不動産を買わないか」という話には、いつも「松下電器は家電製品を作る会社だから」と、社業に必要な不動産しか買わなかった点です。経営上の株の持ち合いはしたでしょうが、株を買って大儲けしたという話は聞いたことがありません。

バブル経済のころに彼が生きていたら、その発言の影響力の強さから、崩壊後の日本の傷ももう少し浅かったのではないかとさえ思います。トップは、なぜ自分がトップなのかと、常に自覚しておくことが大切です。

それはもちろん、自分の使命を果たすためです。本業に無関係な株や土地の投機で儲けるのは、トップにとっては使命でも何でもなく、下手をすれば任された会社を傾けてしまいかねない愚挙にほかならないのです。

③異性問題にはきれいに……

世間の人たちが最も敏感に反応するのは、金銭と異性問題です。真相がよくわからなくても、そういう噂が立つこと自体が悪い、と問題にされてしまいます。

私も体験上から、部下がとやかく言ったり、あるいは真似たりするような異性問題を起こしてはいけないと感じています。トップは少なくとも仕事の場において、自分が好きになってしまったり、ややこしい関係になりそうな女性はそばに置いてはいけないのです。一人の男としてはこれではつまらないという気もしないではないですが、いまのところはトップとしては絶対のタブーだと思っています。

私の知り合いの社長で、土下座までして秘書に辞めてもらったという人がいました。自ら採用した女性だったのですが、いつも身近に置いていたら、彼女が気になって仕事にならなくなってきた。好きになりかけていた、あるいは好きになってしまったわけです。そこで「辞めてもらえないか」と言ったらしい。その秘書には何の落度もなかったから、納得してもらえるはずもありません。彼は仕方なく、

「君が近くにいたら、私は君に惚れてしまいそうなので、仕事どころではなくなってしまう」

と正直に言ったそうです。
それで納得してくれたといいます。次の秘書もまたきれいな人でしたが、今度は彼は平気でした。「きれいだけど、彼女にしたくはならないタイプだ」というのです。男と女は年に関係なくそうしたもので、それはともかく、私はこの社長を非常に偉い人だと感心しました。

④金銭トラブルを起こさない……異性問題と同じで、世間が最も敏感なことの一つです。トップになる人は、金銭には特に身ぎれいにしておかなければなりません。

⑤約束は守る……約束というのは守る気になったら守れるものだと思います。前述もしましたが、私はここ四〇年、約束を破ったのは二回しかありません。私の周りの人たちはみんな知っていることです。

一回は母が亡くなって葬式のとき、約束していた講演に行けませんでした。二回目は二三年前です。アメリカから帰ってきて羽田空港に着いたら、フラッときて気を失ってしまった。ある百貨店に仕事で行く約束でしたが、気がついた時にはすっかり時間に遅れていました。この二回だけです。

四〇年間で二回ということは、約束は守る気でいれば守れる、ということだと私は思っています。電車が遅れたり病気になったりというのは言い訳にならない。約束を守る気がないから電車が遅れるのだし、病気にもなるんだというのが私の言い分です。さすがにこれは社員たちに人気がない言い方で、少しいきすぎかなと思い始めていますが……。

⑥**騙されるのはいいが、騙してはいけない**……騙されると、誰でも腹が立つが、それは自分で抑えればいいのです。しかし他人の恨みを自分で何とかするのは非常に難しいのです。騙して人から恨みを買うことは、トップ個人だけですまずに会社にまで悪影響を与えかねません。トップであれば、いつもフェアであることを心がける必要があります。

⑦**なるべくすべてを好きになれ**……自分でも無理かと思っていましたが、いまは私としては何とかなったような気がしています。好き嫌いは誰にもあって、おそらくは完全になくそうというのは無理でしょう。ただ、トップになると、部下を全員好きにならないと、やっていけないものです。そのためにはやはり部下の長所を一つ以上は見つけて、そこを好きになるようにするしかないと思います。

⑧**即時処理でいく**……トップは普通は忙しいものです。やらなくてはいけないことを後に延ばして何とかなるのは、まださほどの仕事を任されていない弱輩のころだけ。目の前の仕事はすぐやらなければ間に合わない、あるいは

先に延ばしたらやらなかったと同じことになる、と考えておいてちょうどいいと思います。

⑨自主的に前向きに楽しく仕事をする……トップが自主的、つまり責任を負うのは当り前のことです。そのうえで前向きに楽しく仕事をするのです。疲れているから、といった個人的な事情は少なくともオンタイム（仕事時間）に持ち込んではいけません。トップのイメージは、そのまま社内のムードに反映されるものです。

⑩他人に任せられる仕事は自分ではなるべくやらない……そんな楽をしていいのか、と思ったのでしたら、それは逆です。他人に仕事を任せるのは非常に勇気がいることです。それまで自分でバリバリと仕事をしてきた人ほど、この気持はよくわかると思います。

自分の仕事をなるべく他人に任せていって、自分の代わりがつとまる人をつくっていくのも、トップの大事な役割なのです。

ヒットラー・フロイトの法則

(2)の「人財づくりのシステムができている」というのは第三章の90ページ

を参照していただければ十分です。

(3)自由である

これは本来、日本の企業の良き特性でもあります。欧米の企業は自由なようでいて、一般社員にはほとんど自由がありません。分業制で、決められた仕事以外はやってはいけないとか、契約でがんじがらめに縛られていますから、間違いなく会社のためになると思えることさえ、やってしまうと評価どころかマイナスポイントになりかねません。

ところでもうすぐ時代は「競争」から「共生」になりますから、そのときには自由ということがより大切になってきます。がんじがらめに縛られて型にはめられた社員からは、柔軟な発想などというのは期待できないのです。欧米流で、ひと握りの上層部のために一般社員を奉仕させる（社員に自由がない）システムは、日本ではすぐに機能しなくなるでしょう。

(4)一体化している

中途半端に頭のいいタイプが多い会社ほど、組織づくりは難しくなります。これが本当に頭のいい社員ですと、自分を時に抑えてでも組織のことを考えてくれるのですが、その域に達しない社員はとにかく自己アピールに走るもの。また、トップの言うことも聞かなくなる傾向が出てきます。これがいちばんまずいのです。

トップの意向に忠実に、一体化して事に当たる組織でないと、伸びていくのは難しいと思います（これは(3)自由である、こととも矛盾はしません）。

組織を一体化させる最も手っ取り早い方法というのがあります。それが「ヒットラー・フロイトの法則」と呼ばれるものです。**ヒットラー**が見つけて、**フロイト**が証明したというのですが、これについては事実かどうか定かではありません。

私は日本マネジメント協会時代に、水島信男さんという方に教えてもらいました。最近水島さんは亡くなられたのですが人事管理の専門家で、その分野では私のお師匠さんということになります。水島さんによると、

「組織を一体化するには、まずカリスマ（教祖＝トップ）を作る。そして、布教師を育てて、ある程度まで信者を増やす。その間、御神体ができて、教義が確立できるまでは、カリスマの言うことは絶対に正しい、と思い込ませなければならない。カリスマに反対する者は、社内はもちろん社外の者といえども、すべて叩き殺すぐらいの覚悟が必要だ」と。ぶっそうな話ですが、本当に「叩き殺せ」との言葉を使って教えてくれたのが印象に残っています。

「そうかな」と思いました。そのころはまだ私は「競争」の人でしたから、

ヒットラー
アドルフ・ヒットラー（一八八九～一九四五）。ドイツの政治家。第一次大戦後ドイツ労働党に入党、党名をナチ党に改めて、一九二一年党首に。その後、世界恐慌の混乱の中、中間層やドイツ財界の支持を得て、三二年、ナチ党を第一党とし、首相に就任。三四年、総統となり独裁政を敷き、対外侵略を強行するとともに、ユダヤ人、共産党を迫害。第二次大戦のドイツ降伏直前に自殺。

フロイト
シグムンド・フロイト（一八五六～一九三九）。オーストリアの精神医学者。人間の心理生活を、潜在意識の領域内に抑制された性欲衝動の働きに帰し、心理解明の手段として精神分析の立場を創始した。主著に「夢判断」。

案外と素直に受け入れることができたということでしょう。

その後にすぐ独立して船井総研の前身となる会社を作り、小売業のコンサルティングを始めたことは、すでに記しました。するとダイエー、イトーヨーカドー、西友、**西川屋**、**岡田屋**、フタギ、寿屋……、まだ生まれたばかりで小さかったスーパーの多くが顧客になってくれたのです。

彼らの経営する一店一店に対する経営のアドバイスもしましたし、セミナーも開きました。そのセミナーで、水島さんがこう言っている、とヒットラー・フロイトの法則を話したことがあります。

「あなた方は、オーナーだが、それだけではなくてカリスマにならないといけない。世の中や社内で反対する者は、納得させるべきだが、やむをえなければ叩き殺すぐらいの信念で経営をするべきだ」と。

初期のスーパーの経営者はだいたいこのような方針でいきました。毎朝、開店前に三〇分ほどの朝礼をやって、トップの意向をとことん教え込むのです。店長クラスはカリスマの代弁をする布教師です。いまでもその名残りはあります。そして時流にも合っていたのですが、それが当って、ご存知のごとく、みんな大きくなりました。

ですから、ヒットラー・フロイトの法則の効果は十分に認めます。

西川屋
一九六九年、衣料雑貨や薬の西川屋と呉服のほていやが提携、共同仕入機構「ユニー」を設立。現ユニーの前身。

岡田屋
一九六九年、岡田屋、フタギ、シロが共同仕入機構「ジャスコ」を設立。現ジャスコの前身。

しかし正直なところ、口ではそう言いながら、私には非常に抵抗があります。昭和五〇年ころからカリスマになるのもイヤ。叩き殺すのもイヤ。そのくせ会社が一体化しないと儲からないのも知っていますから、何か他にできる方法はないか、と絶えず考えていました。

それで考えついたのが、自分のトップとしての「生き様」を見せることで会社を一体化できないか、ということです。なぜなら船井総研はそれでうまくいったからです。社内が一体化して、船井総研はどんどん儲かったのです。会社創業以来一〇年間はボーナス年間二四か月などというコンサルタントが何人もいました。

ところがいま、船井総研の悩みは、どうも一体感が足りない、ということです。(3)自由である、は十分に満たしていますから、自由すぎるのかなとも思います。しかし、それはそれでいいはずです。理由は他にあります。

私の判断で、一体感を犠牲にして、もっと大切なものを選んだのです。

船井総研上場秘話

トップが自分の生き様で会社を一体化させる目論見は、船井総研でも他社でも社員が一五〇人くらいのときまで、見事に成功します。たとえば船井総研では私が一人で仕事をとってきて、社員に配るシステムでしたから、どんなことでも私に報告させていたのです。そういう形が一五〇人くらいまでなら、十分にできました。すべてに私が「こうやれ」と方向づけするのですから、一体化しますし、効率がいいはずです。本当によく伸び、儲かりました。

そのやり方を捨てたのは、昭和五五年だとはっきり覚えています。昭和五五年のある日、大阪から東京へ向かう新幹線の中にいました。そのとき、名古屋から隣の席に乗り合わせた人と、たいへん気が合って、ずっと仲良く話をしていたのです。そして新横浜を過ぎたあたりで名刺交換しました。その人はある都市銀行の役員でした。ところが私の名刺を見たとたん、その人が文句を言い出したのです。

「この名刺を名古屋でもらっていたら、私はあなたとはいっさい話なんかしなかった。コンサルタントくらい信用できない人間はいない」

失礼な話です。それこそ程度の悪いコンサルタントに騙されでもしたのでしょうか。もちろん私も反論しました。すると彼が最後の捨てゼリフのように言ったのです。

「じゃあ船井さん、それほど自分の仕事に自信があるなら、あなたの会社の株式を公開をしてみなさい。そうしたら私は土下座でも何でもするから」

いまになれば、こんなふうにして思いがけない方向に動いていくのが人生の面白いところかもしれない、と思うこともできます。きっかけはどうあれ、あのとき初めて「**株式公開**」ということを意識したのです。しかしその時はそれどころではありません。頭がカッカとして、東京駅に着いた私は、すぐに東証にいる友人を電話で呼び出しました。そしていきなり、

「ウチが株式公開したいと言ったら、できるか？」

と聞いたのです。答えは、あっさりと「絶対できん」。友人ですから遠慮も会釈もありません。カッカとしていた頭が、スッと冷静に戻ってしまったくらいです。

東証の友人が言うには、まず不動産がない。君が一人で仕事を取ってきている。それでは君が死んだらお終いだろう。それにもし上場した次の日に社員が全員とも辞めてしまったらどうするのか。後には何も残らないじゃないか。そんな会社が上場できるわけがない。そのころはいまのマザーズなどとちがって、証券市場への株式公開の基準は非常に厳しかったのです。友人が言うことは、いちいちもっともでした。

株式公開
ＩＰＯ。創業者やその親族など限られた少数の株主による企業の株式を、一般の投資家に広く所有されるようにすること。通常、企業の株式公開時に、株式市場で不特定多数の投資家に対して新規株式を発行するため、証券会社などが募集業務を行う。

東証
東京証券取引所の略。東証会員権を持つ証券会社が株式などの有価証券を取引する市場。所在地は東京都中央区日本橋兜町。

厳しい基準が設けられているのは株主保護のためです。私がいなくなれば傾くような会社では、株主は納得しません。それにコンサルタント会社には人的資源しかなく、〝商品〟は経営アドバイスという目に見えないものです。おまけに不動産もないとあっては、数値化できる資産が皆無だということになります。

いまだに株式上場した経営コンサルタント会社は、ほとんど皆無というのも、故のないことではないのです。

どうしても株式を公開したいなら――、と友人は言いました。まず不動産を持て。そして、君はいっさい受注の仕事をするな。注文は社員にとってこさせろ。管理規定も厳しくしたほうがいい。そこから始めろ……と。

さんざん迷いました。不可能かもしれないがやってみようと決心したのは、すでにあの銀行役員に土下座させたい云々の話ではありません。言ってみれば、私のつくった会社ももうそういう時期に来たのではないか、と考えたことなのです。上場の基準は厳しいけれども、それをクリアできれば、信頼できる優良企業として世間的に認知されます。

仮に私がいなくなってもやっていける会社にするべきだ。これはトップとしての使命です。経営者には社員とその家族に対する責任があります。いま儲かっていればそれでいいということだけでは、許されないのかもしれない……。

決心すると、私はまず東京の芝公園のところにビルを買いました。次に自分で仕事を取るのをやめて、社員に「これからは各自で注文を取ってきなさい」と申し渡したのです。目途がつくまではと、上場の話は社員にはしませんでした。彼らはかなり動揺しました。

それからの船井総研は、三年間ずっと売り上げは横ばい。利益は三分の一に減りました。辞めていった社員も多くいます。なぜ私が急に仕事のやり方を変えたのか、先頭に立ってやる覇気を失くしてしまったのではないか、それに答えてあげられない私も苦しい思いをしました。

結局、上場が現実のものになったのは、八年後の昭和六三年です。その二年後には、私は社長を退いて会長になっています。

私が仕事のすべてを仕切ることで生まれていた一体感は、上場基準を満たすためのシステム変更で消えてしまいました。一体感がなければ、効率は落ちて儲けの率も下ります。その代わり、上場以後は社員数が増えました。利益率を犠牲にして、企業の社会性を高めることを選ぶ結果になったのです。

これでよかったのか、どうか。この判断には、もう少し時間がかかるような気もします。

本物志向が組織を強くする

続いては管理化です。

(5)管理がよい

いまはずいぶん簡単になりました。管理というのは、ヒトとカネとモノがいまどこにあってどうなっているか、という仕組みをつくり実行することです。これがきちっとできていればいい。コンピュータの発達で、どこでもやろうと思えばこれは別に難しくはないと思います。

(6)みんな笑顔で絶えず親切である

これは「ほめ合いシステム」のような仕組みを作れば、うまくいきます。船井総研もうまくできています。

(7)本物化を志向している

本物というのは、安全で安心できる、つき合うものを蘇生化し、調和する、単純でわかりやすく、使いやすい、何者をも害さない……などの条件を満たすものです。このようなものはありえないというのが、これまでの常識でした。たとえば日本の厚生省は副作用のない薬は認めないということです。認可しないようです。何事にも良い面と悪い面があるのが常識だからとのことです。ところが実はそうではなく、良いことばかりで悪いことがまったくないものが、ここ一〇年くらい前からたくさん出てきました。ただしこれは、普通に使った場合、のことです。考えてみれば、自然のものはだいたいそうなのです。ここ一〇年ほど前から、このような「本物」はどのようにすればできるのかということが、論理的にも現象的にも具体的にわかってきました。

時代はその方向に進んでいます。またIT革命で「本物化」はより急スピードで進むでしょう。これからは本物化の時代なのです。ですから企業が本物化を志向していくことは、そこで働らく人たちに大義名分を与えてくれることになります。ベストの組織体を作るためには、本物化を志向していくのが正しい行き方です。

本物の作り方を研究している世界的権威には、斥力(引力の逆力)を発見した**早坂英雄**元東北大学助教授、グラビトン(重力波エネルギー)のパワーを証明した**関英男**元東京工業大学教授、空気中にハイレベルエネルギーが存在することを指摘した佐々木茂美元電通大教授、「蘇生化」については**比嘉照夫**琉球大教授、**沈今川**中国地質大教授などの私の友人たちがいます。

早坂英雄
元東北大学助教授、工学博士。同大学で発表した「重力減量効果の実験」が世界中の注目を集める。ロシア科学アカデミー学術委員。

関英男
工学博士。東京工業大学、ハワイ大学、電気通信大学の教授を歴任。紫綬褒章、勲三等瑞宝章を受章。日本サイ科学会名誉会長。

比嘉照夫
琉球大学教授。EM菌の発明者として有名。

沈今川
中国地質大学教授。アメリカでの研究の後、中国に戻り、超能力の研究を始める。

彼らの研究がようやく公の注目を集めるようになって、政治家や中央官庁が最近は本気になって本物の研究に取り組み始めています。

このような動きが一般にはまだまだよく知られていないのは、一つに資本主義の抵抗というのがあるからだと思います。先に触れた鉄道駅の清掃ロボットがいい例です。あれはデジタルコンピュータで作れば二億円くらいかかるが、アナログコンピュータなら二〇〇〜三〇〇万円でできると書きました。それならなぜアナログコンピュータで作らないのかと、誰もが思ったはずです。これが資本主義の矛盾で、利益を追求するためには高価なものを売ったほうがいい、二〇〇〜三〇〇万円では商売にならない、というわけです。

しかし、資本主義の抵抗というのは、しょせん最後の大あがきにすぎません。もうすぐ本物の時代になって、アナログコンピュータなどの本物技術が産業界に浸透して実用化されるようになりますから、一般でも広く知られるところとなるでしょう。

これで船井流経営法の原則的ノウハウについてのだいたいの解説は終えました。ここまで私が語ってきたことは、経営における不変の原則と考えていただきたいと思います。

伸びている会社三つのポイント

以上の原則をもとに、私は経営に関するコンサルティングを行っています。この原則は不変のものですが、実際のマーケティングでは、その時々の状況や顧客先の事情に即して対応することになります。たとえば今年（二〇〇〇年）の一月、私は新しく「時流対応型経営法」をまとめました。いまのところ、船井総研の最新の手法です。以下に紹介しますので、ここまで説明してきた原則がどこにどう使われているのか、それを確認しながら読んでいただければいいと思います。

3 時流対応型経営法

先にも少し触れたように、いま伸びている平均従業員五〇〇人くらいの中小企業一〇〇社をリストアップし、そこからさらに一五社まで絞り込んだうえで、それらの経営内容を徹底的に分析してみました。すると、これら伸びている中小企業から浮かび上ってきたポイントは、オーナーであるトップの資質、社風、マーケティングの三つでした。まとめてみますと――

《トップの資質》

①自然の摂理と良心に合う経営・生きざまをしている……自然の摂理とは、ムダがない（効率）、調和を崩さない（調和）、退歩させない（生成発展）こと。良心とは、得意なもの好きなものを納得してやっている、自信と責任を持ち、世のため人のために仕事をしていることです。

②成功者癖がある……学び癖、働き癖、自主癖、素直癖、プラス発想癖の五つです。

③人財化している……人財は、差別しない、長所を生かす、プライドがある、ほめ合い認め合う、勇気がある、といった特徴を持っています。

④大きな時流と現状とのマッチングができている……いまからの大きな時流は、競争→共生、浪費→節約、分離→融合、束縛→自由、秘密→公開、エコノミー→エコロジー、複雑→単純、目先→先見、などです。これらに従うのが原則ですが、いま時点を上手に生きるためには、競争、束縛、秘密、エコノミーなども重要になります。この二面が矛盾なくマッチングがうまくできているかどうかが大きなポイントです。

《社風》

①一体化している……トップと社員、また社員同士がお互いをパートナーとして認め合っている、助け合い、分かち合っている、知らせ合っている、ト

ップの理念が社員に浸透している、社員の個性が活かされている、などのことができているとき「一体化している」といいます。

②自由である……それぞれの社員が自由に各々の得意なことをやっている会社のことです。

③管理がきちんとできている……財務、仕事、個人個人の行動などが会社の仕組み上も現実にもきちっとしていることです。

《マーケティング》

以下のような一〇要素があり、これに合う「商品」や「仕組み」を確立しようとしています。

①同じものなら安く売ることができる。
②取引先との強い人間関係、信頼関係がある。
③どんなこともスピーディに処理できる。
④客に近づこうとしている。
⑤個別対応と、固定客化を志向している。
⑥本物志向をしている。
⑦客や世の中にとって根元的に必要なものを取り扱っている。
⑧効率的である。

⑨新鮮である。
⑩一番であり競争がない。

船井総研では実際に今年の一月中旬から、顧客先にこれらのポイントに力を入れたコンサルティングを実施しています。効果は抜群です。各社とも、ほぼ一〇〇％の確率で業績がアップしています。

これらはモデル企業の好業績という実績と経営の原則として身につけたものをもとにして作った手法ですから、原則は外していません。不変の原則をいかに融通無碍に使いこなすかが、経営およびコンサルティングのコツなのです。

共通するのは魅力あるトップ

時流対応型経営法のもとになった一五社のうちいくつかについて、いまあげたさまざまな要素をどのようにして、どれくらい持っているか具体的に見ていくことにします（順不同）。

▼丸松セム株式会社（福岡県）

ファッション卸部門を中核に、インターナショナル部門、小売、不動産など合わせて一五社で「マルマツセムグループ」を作っています（従業員三〇〇人）。一九九〇年から〝新創業〟と呼ばれる分社経営に踏み切り、一気に活性化しました。八九年の売上高約八〇億円（経常利益二億八〇〇〇万円）が、一〇年後の現在は約一三〇億円（同八億二二〇〇万円）とすばらしい伸びを見せています。

トップの八頭司正典会長は若いころに大阪船場の衣料問屋で丁稚奉公をしていて、そこから身を起こしてきた人で、成功者癖をすべて持っています。分社制に見られるように、社風が自由であるうえに、管理がきちんとしている（一社一社を巨大化しないため）のが大きな長所です。

▼八木兵株式会社（愛知県）

売上高は全国で業界二位の総合繊維現金卸問屋で、年商は五二三億円です。前年より一二％の伸びで、二〇〇一年には年商六〇〇億円が予想されています。社員と準社員を含めて五〇〇人ほどの従業員数でしたが、この四月には新入社員を約一〇〇名採用しました。

山口兼市社長は二代目ですが、やはり成功者癖を持っていて、先代から引き継いだ事業を大きく育てるのに成功しています。現金取引にシステムを変えたことで、他よりも安く売り、取引先との信頼関係もより強めることになりました。年商五二三億円のうち、名古屋で約五〇〇億円と、一番であって競争がない商圏をしっかりとつかんでいます。

▼錦灘酒造株式会社グループ（鹿児島県）

焼酎工場、ビール工場、チェコのテーマパークなどが合体した「バレル・バレー・プラハ＆Ｇｅｎ」（年商一二億円）を立ち上げて、注目を集めています。山元正博社長は東大農学部修士課程を修了した四九歳のトップですが、もとは焼酎業界では知らない人がいない『河内源一郎商店』の期待の三代目でした。一度は実際に跡を継いだものの、先代社長（父親）との確執から辞任。新たに父親が持っていた錦灘酒造の株式を買い取ってスタートしたのが昭和六三年です。年商四〇〇〇万円、赤字一二〇〇万円、長期未払金三八〇〇万円、借入金二〇〇〇万円――という同社を立て直しただけでなく、平成六年には霧島高原ビール株式会社を創業しています。

山元社長はまぎれもない人財です。成功者癖を持ち、時流が読める直観力を備えています。霧島高原ビールはすべての原料をチェコ産で作った〝本物チェコビール〟で人気を博していますが、かつて地ビールブームが来たとき、山元社長は「これはまずい！」と直観したそうです。ブームになれば、それはいつか終ってしまう。そこでビールを取り巻く文化に着目して、チェコのテーマパークを作りました。本物志向で新鮮、そしてチェコのテーマパークでは一番で競争相手はいません。

▼農事組合法人伊賀の里モクモク手づくりファーム（三重県）

すべての「食」を地元の素材から作り、しかも添加物などをいっさい使わない本物の食品にこだわっている農事組合です。地元密着型の考えによって地元（阿山郡阿山町）の村おこしも成功させています。手づくりハムの工程を実際に体験してもらう試みから、女性たちの口コミによってその存在があっという間に広がりました。三重県内でのハムのギフトでは地元の大手プリマハムをしのいでいます。食の原点として地域流通を選び、「車で二時間以内」のエリアに新鮮な食品を提供していく姿勢は、大量生産・大量販売への良心的な抵抗といえそうです。供給高（売上高）は約三〇億円に近づいています。

木村修社長は四九歳。自然を愛し、農業に誇りを持ち、また農業の未来を信じています。社員はファームをそれこそ「手づくり」で作っていこうと一体化し、自費で各種研修会を開くなど自主的で自由な社風が特長です。口コミに育てられたというとおり、客との個別対応、それによる固定客化ができています。商品はこれ以上なく新鮮で、もちろん本物です。

▼株式会社KLC（京都府）

酒販店を専門にオープンから運営管理までを指導するコンサルティング会社で、一九九五年に加盟一号店ができてから、二〇〇〇年の初頭の時点で三八二店にまで加盟店数が増加しています。一店で年商二五億円というKLC直営のディスカウント酒販店「ファーストリカー」のノウハウを基にした「ぷちショップ」構想で、量販店に押されてつぶれかけた〝酒屋さん〟を次々と生き返らせてきました。特に有名なのが加盟一号店の「あわづ酒店」という三・五坪の店で、月商八〇万円をKLCのノウハウによって、一年のうちに月商八〇〇万円にまで伸ばしたのです。年内に加盟店四〇〇〇店が目標ということですが、ここまでたて続けに実績を残してきたことから考えて、年内の達成はムリでも、かなり将来に期待をもてます。

KLCは要するに、「どこよりも安く仕入れ、どこよりも安く売る」仕組みを作ったのです。木村周二社長は、起業家の条件は「アホで、ビンボウで、真似をしない」ことだと言っています。面白い人です。成功者癖にあふれています。管理力についてはプロです。どこよりも安く売るシステムを考えた効率性に敏感なアイデアマンと言っていいかと思います。

再び「経営は人」である

紙数の都合で紹介できませんでしたが、残る一〇社は、和洋菓子専門店の株式会社石村萬盛堂（福岡県）、建設会社の株式会社アタラシ（大阪府）、株式会社埼玉種畜牧場（埼玉県）、子持自然恵農場有限会社（群馬県）、全自動テレマーケティングの株式会社ジー・エフ（東京都）、魚の養殖とその関連事業を手がけている堅田漁業協同組合（和歌山県）、スーパーサンシ株式会社（三重県）、危機管理の視点を打ち出して成功している警備会社のエス・ピー・ネットワーク（東京都）、現金卸問屋のシモジマ商事（東京都）、総合小売業の株式会社ヨシヅヤグループ（愛知県）の各社です。

これら一五社のトップについて、私の視点から見たところによりますと「自然の摂理と良心に合う経営、生きざまをしている」人は一五人中八人、「成功者癖がある」人は九人、「人財化」に努めている人は二人（トップ自身はすべて人財です）、「大きな時流と現状のマッチングができている」人は七人という結果でした。

私の分析では、とにかくトップに成功者癖があれば伸びる、と言っていいと思います。顧問先のトップには、必ず五つの成功者癖をつけて欲しいとアドバイスするとともに、他の三条件も充たすよう努力をお願いしているところです。

社風とマーケティングについては、ある意味でトップ自身の投影である、と考えることができます。各社それぞれの社風やマーケティングの手法を持っていますが、それはそのトップがいることで自ずと生まれてきたものなのではないかと思えてなりません。やはり企業は人なのです。

一〇のマーケティング手法については、その一つ一つが重要なノウハウとなっています。一五社のすべてが必ず二つ以上のマーケティング手法に当てはまるものを持っていました。つまり、逆に一〇のすべてを満たさなくても会社は十分に伸びていくのです。これから先、一つでも多くこれらのノウハウを身につけてもらうのが、業績アップの早道となります。一つ一つがそれだけ強力なマーケティング手法だということです。

即時業績向上法とベストの組織づくりを基本として、この時流対応型経営法に取り組んでいただきたいのです。そうすることで、あなたの会社の業績はみるみるアップしていくはずです。そしてそれは、あなた自身のためだけでなく、世のため人のためになる成功でもあるのです。

第六章

経営の「これから」を読む

まずは「つき」を取り戻せ

いま、五〇〇〇社を超える船井総研の顧問先の経営者に対して私が言っていることは、主に三つほどあります。

一つ目は、いま、業績のよいところは別にして苦労しているのならとりあえずすぐに業績をアップさせてください、ということです。

二つ目が、情報革命への具体的な対策を打ち出すこと。

三つ目に、プロジェクトチームを組んで本物の研究に入ることを勧めています。

まずは足許を固め、次にいま起きている大きな変革の意味を見極めて、さらには近い将来に間違いなくやってくる本物化の時代に備えておくことです。現在から未来にかけて経営者がするべきことは、絞り込んでみるとこの三つに尽きるというのが、いまの見解です。

もう一つあります。これは後ろ向きのことなので、私としてはできれば言わずにすませたいのですが、現実問題として致し方のないこと。つまりバブル崩壊の後遺症の処理です。放っておけば、いつまでも会社の足を引っ張り続けます。第一章に記したように、船井総研でも例外ではありませんでした。日本中で、中年以上の経営者でバブル崩壊で損失を受けなかった人（あるいは会社）というのは、「やる気のなかった人」といってもいいくらいだと思います。私は船井総研の「バブル崩壊によって受けた損失の実質的処理は終った」と書きましたが、それには四年から五年かかっています。それでも跡かたもなく処理できた、と言えるのはあと二、三年後になりそうです。そのくらい、普通の会社はここ一〇年くらい大変だったのです。

とはいえ、可及的すみやかに行うべきは、一つ目の「とりあえず業績をアップさせる」ことのほうになります。その方法は前章で紹介した長所伸展法と圧縮付加法などによる即時業績向上法と、時流対応型経営法にすぐに取り組むことです。後のことはそれから考えるようにしたほうがいいと思います。

というのは、一人の個人でも同じですが、会社もついていないときというのは、何をやってもうまくいかないものなのです。

運が悪い、と言ってもいいでしょう。人それぞれに持って生まれた役割があって、その役割どおりにやると運がつきます。逆に役割に反すると、いっぺんにつきが落ちるものです。会社の業績が上がらないときというのも、これと同じです。いまやっていることが役割に反しているから、業績が上がらない、つきがない、ということになるのでしょう。ですからまず本来の役割に戻さないといけないのです。とりあえず業績を上げてつかないといけません。

本来の役割というのは自分の使命、長所ですとか、得意なこと、好きなこと、興味のあることなどをやることなのです。それ故に、船井流経営法は「長所を伸ばす」ことを基本中の基本としているわけです。

業績をアップさせてつきを呼び戻せば、後のこともだいたいうまくいきます。業績が上がることで心の余裕ができますし、本来の生き方にそってやっていると周りのこともまた、よく見えてくるようになるのです。前章で書いた時流対応型経営法の三ポイントのうち「トップの資質」の四番目に、「大きなこれからの時流と現状とのマッチングができている」というのがありました。大きな時流についてはもう十分に説明してきたつもりですので、これ以上は触れません。もう一つの現状のほうは、「周りがよく見える」ようになったときに初めてつかめるものでもあります。

大きな時流と現状とのマッチングは、実際のビジネス上でかなりの影響力を持つ要因の一つと思われます。大きな時流に従うのを基本とすれば、現状をうまく捉えて経営に生かすことは、トップの臨機応変な応用力の問題です。

この点に優れたトップがいる会社は、うまくすると驚異的な躍進をとげる可能性を持っています。

　現状をつかむヒントとして、少しの間、流通業の話題などを中心に書いてみることにしましょう。

流通業界五つの話題

　流通業界の話題としては、次の五つがあげられます。
(1)流通業界で売上ナンバーワンはダイエーというのが常識だったが、その常識が崩れることになりそうだ。来年（二〇〇一年）の二月決算では、セブンイレブンがダイエーを抜いてトップになると予測されている。
(2)利益高ではいま、一位がセブンイレブン、二位にイトーヨーカドーが続いている。こちらの方も三年ほどすると、この上位二社は下降線を辿り、**ユニクロ**（ファースト・リテーリング）がトップに躍り出るかもわからない。
(3)コンビニエンスストア物販業務は今後苦しくなる。ところが銀行業務を始めた。それだけでなく、書籍や雑誌の注文受付、旅館の手配、飛行機や新幹線のチケット予約など、どこまで本当の「便利屋」になることができるか。

ユニクロ
若者をターゲットにシンプルなファッションを提供。一九九九年にはフリースを大流行させた。極力人件費を抑えた郊外の倉庫型店舗が主力だが、その一方で大都市の百貨店やJR駅内などへの出店に積極的。

これからは、コンビニが面白くなりそうだ、と注目を集めている。
(4)ネットワークビジネスがどの程度まで小売業界に食い込めるか。それ自体も何か形を変えそうである。
(5)インターネット小売業はどのような形になるのか。いま話題の楽天市場や逸品ドット・コムなどの無店舗インターネット小売業がこのまま伸びていくのか、それとも既存の流通大手が有店舗インターネット小売業時代を作り上げるのかが、注目すべきこととなっている。

大躍進しているユニクロは、社名をファースト・リテーリングといい、山口県の宇部市に本社があります。社長は柳井正さんという方です。

今年二月の中間決算では、売上九六二億円（前年対比一七八％）、経常利益二五八億円（同三七〇％）と、すばらしい数字を出していました。この八月決算では売上一九五〇億円、経常利益は四一二億円になると予想されていますが、これからは果たしてどうなっていくのでしょうか。

ダイエーやイトーヨーカドー、セゾングループなどに凋落の影が色濃く見られヤオハン、長崎屋、そごうなどの経営破綻に対して、ユニクロはまるで別次元で商売をしているような趣さえあります。ただし、ユニクロが何か特別に新しいノウハウを開発したというのではありません。仕組みは簡単です。

売れる商品企画に少し優れ、中国で安く作って安く仕入れるだけ、と言ってもいいと思います。円高傾向のいまは、有利です。後は売れるものを短時間でどう企画し、つくらせ、仕入れるか、という問題です。百貨店やスーパーがこの手法を人と体質の問題で使えなくなったために、ユニクロがいまは当っていると考えていいでしょう。

同じ衣料品の「**しまむら**」や「**良品計画**」もみな同じです。しまむらは、イトーヨーカドーなど大手のスーパーが返品してきたものを上手に仕入れて、それらを安く売って成功しているという見方もあります。

衣料品というのは、まとめて安売りをすれば小売りレベルではぜんぶ売れてくれます。晩期商法といいまして、私の得意な商法です。

安売りの時期は冬物なら二月というように、年に四回のシーズン末に決っています。そこで冬物なら一～二月中にあちこち回って、売れ残ったのを集めてくるのです。バーゲンの売れ残りなど、ただみたいに仕入れられます。そしてそれを、今日は一割引、明日は二割引、次の日は三割引と、毎日一割ずつ下げていきます。お客さんのほうは、早く買わないといいものがなくなってしまうし、でも明日になればもっと安くなるしと、それぞれの思惑で毎日買いにきてくれます。そのうち九割引ということになれば、全品が売れて

しまむら
衣料品をメインとした郊外型店舗を積極展開。アイテム数の多さが特徴。ユニクロのような派手さはないが、顧客満足度の高さには定評。

良品計画
西友のプライベートブランドとして出発。シンプルで実質本位な衣料品、家具、実用品、食料品などを幅広く手掛ける。「わけあって、安い」がキャッチフレーズ。英、仏でも店舗展開。

しまいます。だからこの商法は売れ残りがゼロです。けっこう儲かるものです。

ですから、平均六割引で売れてくれる計算で粗利が四割出るような仕入れの仕組みを作っておけば、それですごくメリットのある商売になるわけです。

いまのところお客さんにいちばん訴求力があるのはまだ「安さ」ですから、安く売るには安く仕入れられる仕組みを作ればいい。ユニクロ、しまむら、良品計画、みんなこれが上手なのです。前章で例として取り上げたＫＬＣも、衣料品と酒類の違いだけで、躍進のポイントは変わりません。

それはそれとしまして、いまの時流に合った仕組みを考え出すことで、急速に伸びている小売業があることは確かです。この「仕組み」という視点から は、後で改めて見てみることにします。

利便性の追求がコンビニの生きる道

コンビニエンスストアについては、生きる道としては「便利屋兼個人秘書」にいかに近づけるか、それしかないというのが私の結論です。

いまのままのコンビニでは、そのうち大半はダメになってしまいます。競争過当でどうにもならない状況に入りつつあります。その点、コンビニに銀行のATMが入ったのは、いまのところ評価できます。そういう機能はすべて携帯電話に入りますから、ATMなど資源のムダだとも言えますが、とりあえず何かやらなければ将来性はどうにもならないのではないでしょうか。

コンビニは品揃えといっても大したことはないですし、値段もスーパーのほうが安い。ですからスーパーとは競合しないで、しかも必要性が高く利便性を提供できるものをどのくらい見つけられるかが、コンビニの勝負どころになります。

いまでも、宅配便を扱ってくれる、公共料金を支払える、コピーも安くとれる、ファックスも安い。ホテルから送るよりもだんぜん安いから、コンビニまで行ってファックスを利用することがあります。日本に来た外国人はみんなそうです。そして今度はATMで銀行機能の一部が入りました。この方向に伸ばしていくのは正しいと思います。

便利屋というのは、コンビニに行けば靴を修繕してくれるとか、背広の袖口がほころんだのを繕ってくれるとか、クリーニングの受け付け、各種チケットの予約、生活のうちの大部分のことがコンビニに行けば間に合うという形をとれないか、ということです。

書籍などもいいと思います。セブンイレブンやローソンなどでは流通の仕組みが完全にできていますから、注文して二〜三日で本が届くようにできるはずです。日販や東販よりもはるかにいい仕組みを持っている以上、近所の本屋よりもコンビニで注文したほうが早い、ということになるでしょう。

いますでに本の注文を受けているコンビニもありますが、まだお客さんにコンビニは本を買うところという感覚がないらしく、注文しておいて一週間も二週間も取りに来ないことが多いということです。これは他のコンビニもみんな本の注文を扱うようになれば解決しそうですし、それまでは電話をして取りに来てくれるようお願いするか、一日につきいくらかの保管料をもらうようにするか、いろいろやり方はあります。

むしろ問題は店員の質です。

本の注文の件にしても、たとえば引き取りに来ないお客さんにまともに対応の電話をかけられるような店員でなければなりません。本についての知識もある程度は勉強しておかないといけない。扱うものが幅広くなればなるほど、勉強することは増えていきます。

いままでのようにサービスらしいものはなく、客が来てものも言わないで商売ができたなどというのは、もう通用しないでしょう。

ＩＴ革命とコンビニが一体化するという話もありますが、どういう形になるにしろ、コンビニの使命は利便性です。そしてもしＩＴ革命と一体化するのなら物とサービスの本物化が必要ですから、より以上に店員の質が問題になってきます。

コンビニのアルバイト店員ほど顕著ではないにせよ、小売業では、大手の百貨店、スーパー、コンビニともに人財がいないことでは共通しています。たとえばユニクロのファースト・リテーリングのほうが、人財が多くいます。ここでも要は人です。百貨店やスーパーが凋落したのもかつてのような人財がいなくなってしまったからだし、コンビニがこれから生き残っていくにも人財不足がネックになってくるような気がします。

ＮＷＢの可能性と〝うさん臭さ〟

ネットワークビジネスというのは、確かにすばらしい販売力を発揮する形態を持っているビジネスです。アメリカではマルチレベルマーケティングといいます。そのものズバリ訳せばマルチ商法です。日本ではかつて悪徳マルチ商法が横行したため、マルチ商法というとそのまま悪徳な商売として扱われるようになってしまっています。そこで最近ではネットワークビジネスと呼び方を変えて、再出発しました。

アメリカでは、マルチレベルマーケティングでなければ新しいモノは急速には売れない、とまで言われています。それだけに注目の的です。

日本はそのアメリカ以上にネットワークビジネスが向いている国だと言われるようになっています。いま六〇〇社ほどあり、トップの日本アムウェイを除けば、みんな伸びていると言っていいくらいです。前述しましたがネットワークビジネスで参加する人は急増していて、今年中に八〇〇万人、ひょっとしたらやがて日本人の一〇人に一人（つまり一二〇〇万人）はネットワークビジネスのディストリビューターをやっている、などということになりかねません。

アムウェイ、ニュースキン、ハーバライフなどの会社があり、ディストリビューターと呼ばれる販売員が、一人一人独立した形で各社と契約を結んでいます。ディストリビューターたちは、契約によってその会社の商品を販売する権利を得るわけです。そのためには一万円以下の契約料でいいのです。

ディストリビューターは自分の友人、知人などを中心に、商品を売ります。つまり、形としては無店舗の対面販売です。そのとき、その友人、知人を自

日本アムウェイ
アメリカに本社を持つ世界最大のネットワークビジネス企業。日本での売り上げは一四〇〇億円（九九年度）で業界最高。洗剤などの家庭用品と化粧品、健康食品が販売の中心。九一万組のディストリビューターを擁するリーディングカンパニー。

ニュースキン
化粧品と健康食品を中心にビジネスを行うネットワークビジネス企業。約三〇万人のディストリビューターが日本で参加している。九九年の売り上げは約七〇〇億円。

ハーバライフ
ダイエットを目的にした健康食品で急成長した米国系ネットワークビジネス企業。

九九年の売り上げは約四〇〇億円。

分と同じディストリビューターになるよう勧誘することもあります。もし誘われた人がディストリビューターになれば、誘ったほうはその人の「アップ」の立場になります。誘われたほうは、もちろん「ダウン」です。「ダウン」になった人もまた、今度は自分の友人や知人を訪ねて、「アップ」と同じようにディストリビューターとしての仕事をします。

こうして友だちから友だちへとネットワークが広がり、その中で商品が流通します。このネットワークは横つながりの関係のようですが、ディストリビューターになった人たちの間では「アップライン」「ダウンライン」……とピラミッド型で縦のつながりになります。

ディストリビューターには、会社から小売価格の六割くらいで商品が手に入り、まずこの差額が彼らのマージンです。

そして、さらには彼の「ダウンライン」……といった人たちが売った分からも、マージンが入ることになっています。このマージンをどのような基準でもらうか定めたシステムのことを、ビジネスプランなどと呼んでいます（各社、方式はさまざまです）。

ディストリビューターにとって、お客さんは友人、知人です。何らかの信頼関係があります。商品がいいものなら、友だちの輪の中にクチコミで広がっていきます。またディストリビューターは、いわば個人事業主ですから自主性にあふれています。売るための条件がいくつも揃っているのです。

そしてビジネスプランがあります。自分の「ダウン」を作ることで、もらえるマージンは加速度的に増えますから、年収一億円などという人も出てくるのです。熱心に勧誘して売るはずです。モノを売るための動機づけとして、これは強いものです。

ディストリビューターは注文をとるだけで、発送など面倒なことは会社がやってくれます。ビジネスプランによる複雑なマージン計算も同様です。会社のコンピュータがきちんとやってくれます。

いつも言うのですが、会社のほうの諸機能はすべてコンピュータ（デジタル）でこなし、実際にモノを売るのはディストリビューターによるクチコミ（アナログ）でいく。デジタルとアナログをうまく使いわけて、しかもその役割の違いといいますか、向き不向きもよくわかっているように見えます。非常に興味深いビジネス形態です。

私などは、ビジネスプランのところにうさん臭さ、あるいは危険なニオイを感じてしまうのですが、とはいえ、十分に評価していい仕組みだと思っています。多分、業界の改善が図られて、このうさん臭さは近未来になくなるように思います。

このビジネス単独でも強力ですし、ＩＴ関連の企業と一体化するなどしたら、また可能性が広がっていくような気がするのです。そうなれば、小売業のかなりの部分をネットワークビジネスが担うようになることも予想できます。要は、扱う商品とシステムが「本物」かどうかでしょう。

いずれにしても、これからのネットワークビジネスは戦国時代のようになるでしょう。この話題については、これから大変化があるでしょうから、まだ軽はずみに評価も批判も、まして予測は控えておいたほうがよさそうです。

いまのＩＴ産業は張り子の虎

アマゾン・ドット・コムがなぜ赤字なのかを徹底的に調べてわかったのは、物についてのマーケティング力が弱いし、物流のマネジメント力も強くないということでした。これでよくいままでやってこれたものだというのが、率直な感想です。

日本では楽天市場が黒字を計上しています。楽天市場は楽天という会社（三木谷浩史社長）がインターネット上に開いたショッピング・モールの名前です。テナントは約二五〇〇社で、阪急、西武、東急など一流百貨店の他、大小さまざまなところが出店しています。

楽天市場に出店しているところからテナント料をもらうのが、同社の収入の大半というシステムで運営しています。

楽天市場とよく較べられるのが、逸品ドット・コム（森本繁生社長）です。両者の違いは、楽天市場が出店希望のところをほぼ受け入れていく方針なのに対して、逸品ドット・コムのほうは厳しく出店者を選別している点です。その違いはあっても、商売の仕組みは同じく〝テナント貸し〟だと言っていいでしょう。

アマゾン・ドット・コムは自分のところの商品（書籍）をインターネットを通じて売っていますが、楽天市場も逸品ドット・コムも自分たちの商品を持っているわけではありません。当然ながらと言うべきか、マーケティングも物流のマネジメントもまだ一人前でないようです。

少し軽口になってしまいますが、このあたりは船井総研の最も得意なところになります。

世界一のＩＴノウハウを持っているといえるアマゾン・ドット・コムにしても肝心な「本物化」と「物流」のノウハウがまだ欠落しているのですから、

インターネット小売業というのはまだこれから形ができ上っていく分野で、いまは話題だけが先行している初期段階と考えていいと思います。

それに楽天市場は黒字でも、そこに出店しているテナントのほうはどうなのでしょうか。十分な売り上げがあるのでしょうか。ITの発達で企業と個人の情報格差がなくなっていくことには変わりありませんが、現実にテナントは商売として成り立っているのでしょうか。いろいろと疑問がわいてきます。

一般的には、個別テナントの場合ですと、テナント料を月五万円として年六〇万円です。この場合ペイラインは年商一〇〇〇万円と言われています。ところが、ペイラインを超えているのは半分以下と考えられます。この数字が、楽天市場や逸品ドット・コムのブランド力でどのくらい上向くのか、ということになります。

やはりネット市場へ個別テナントで出店して成功することは、これから先はわかりませんが、いまのところは可能性をもった夢くらいに考えておいたほうがよさそうです。

インターネット小売業に限らず、いまのIT関連産業の業績は一様に貧弱で、単に株式投資ならぬ株式投機の対象としてもてあそばれているだけのような気がします。

日本でも昨一九九九年に**東証マザーズ**が開設されました。今年の五月八日には大証に**ナスダック・ジャパン**が開設されたばかりです。ナスダック・ジャパンの初代上場企業は八社で、うち五社はＩＴ関連会社でした。年内には五〇社ほどが上場するだろうということです。

問題は、この両市場とも上場の基準が極めて緩い点だと思います。船井総研は上場しようと決心してから八年ほどかかりましたから、正直なところ「こんなに厳しくしなくても……」と思ったこともありました。だからこそ、マザーズなどの基準を知りますと、こういうお手軽なことでいいのだろうか、と懸念を抱かずにはいられないのです。株主保護の面でももちろんですが、上場したＩＴ産業の（おそらく若き）経営者にとっても、これは良いことではないように思われてなりません。

二〇〇〇年の高額納税者の上位一〇〇人のうち五一人が株長者でした。

ＩＴ関連のトップは携帯電話販売会社「ジーアイジーグループ」（松江市）の青山洋一社長で納税額は約六億七〇〇〇万円（年収約二三億五〇〇〇万円）の一二位。ソフトバンクの**孫社長**が一六位、光通信の**重田社長**は上位一〇〇人には入りませんでしたが約二億三〇〇〇万円を納税しています。その他に

東証マザーズ

同市場の開設により、赤字や債務超過のベンチャー企業にも上場の扉が開かれた。公開時の株式公募により巨額資金を調達できる可能性があることから、ビジネス環境の変化が激しくスピーディーな事業展開に資金需要が大きいネット・ベンチャーには朗報。ただ、華々しくスタートした同市場だが、上場銘柄の株価下落と相まって、運営には様々な批判もなされている。

ナスダック・ジャパン

米国ナスダックの海外進出第一号。日本側のパートナーはソフトバンクで、運営会社の株式五〇％を保有する。ナスダックジャパンは二〇〇〇年六月以降、毎月一〇社程度の上場を目指す。同市場は、従来の店頭株市場やマザーズに比べて上場

も上場によるストックオプションで〝一獲千金〟を得た人たちが高額納税者にたくさん顔を連ねたことは、各マスコミの過熱報道で記憶に新しいところです。

ＩＴ関連産業そのものが、いまはまだ内容を伴なっているとは思えません。投機の対象としてのみ存在しているような感のある現在では、インターネット小売業の実像はよほど慎重に見きわめないといけないでしょう。先に紹介したアメリカのアナリストの言葉「いま株式公開しているＩＴ関連会社の七五％は五年で消える」が正しいかどうかわかりませんが、ネットバブルが沈静化して消えるべきところが消えてからでないと、正しい評価は定まらないと思います。

有店舗バーチャルショップの可能性

ただ、投機を離れてインターネット小売業を見れば、大きな可能性をはらんでいることは確かです。

私としては、ＩＴ業界が流通業界を傘下に入れるか、あるいは流通業がＩＴ産業を傘下に入れるか、いまのところ興味深く見ています。いずれの形に

維持の基準を高めに設定、米ナスダック同様、市場からの退出ルールを厳格化することで流動性を高める戦略をとる。

孫正義　そん・まさよし。一九五七年生まれ。八〇年、米カリフォルニア大学バークレー校経済学部卒。八一年、ゲームソフト卸業の日本ソフトバンクを設立。九〇年、ソフトバンクに社名変更。潤沢な資金調達力を背景に、国内外のインターネットビジネスのインキュベータとして、世界最大のネット財閥を目指す。

重田康光　しげた・やすみつ。一九六五年生まれ。八五年、日大経済学部中退。八八年、光通信を設立、ＤＤＩの契約取次代理店となる。九〇年

なるにしましても、流通環境はガラリと変わるはずですから、注目せざるをえません。

いまはまだボンヤリしているように見える既存の流通大手も、近日中に必ずあわて始めます。そして本気でインターネット小売に取り組みますと、彼ら、いわゆる流通業者のほうが強いはずです。インターネット小売になればなるほどブランドとハイタッチが重要になります。現物を見ないで買うのですから、特に高価なものなどは、ブランド力のないところで買う気にはなかなかなれないのが人間心理です。ハイタッチもそうで、たとえば何かを注文したらすぐにお礼のEメールが入るとか、ときどき「季節のお勧め品」などの紹介が入ってくるとか、そういうアプローチが必要になってきます。そうしたノウハウを持っている点、流通大手はかなり有利です。しかも資金力があります。

そしてもう一つ、確かだと言えるのは、日本では有店舗インターネット小売がもっとも強いだろう、と思えることです。アメリカみたいな広大な国は別ですが、日本の場合ですと、たぶん一人の人が専門店にも行き、百貨店にも行き、スーパーにも行きという行動パターンになっています。インターネットでも同じで、日本ではやはり実際にお店を持っているところが強いので

以降、圧倒的な営業力を武器にDDI系の携帯電話の代理店業務で急成長。ネット関連投資に注力。株式公開予備軍を多数抱える。

す。

　無店舗のインターネット小売なら、お店を持っているところとタイアップしないと、生き残りがたいでしょう。ユーザーが住んでいる近くにお店もあり、そこに商品もあるという形でないと、うまくいかない気がします。インターネットだけで物販というのでは、きっと日本では難しい。ダイエーの中内さんが言う「よく売れて小売全体の一割」よりは売れると思いますが、無店舗だけで五割などは、とうていいかないと思います。

　しかし有店舗付きインターネットショッピングの形ができたときには、それは小売業全体の売上げの半分以上にまでいく可能性は非常に高いと予測しています。

　たとえば有店舗インターネットショッピングですと、既存の商店街をもう一度立て直すこともできます。立て直すには、要は宅配システムを作ることなのですが、インターネットをうまく使ってできる可能性があります。実際、そういう動きもあるようです。四月三〇日付『朝日新聞』の「ひと」欄に東京都新宿区の早稲田商店会が音頭をとって、有店舗による無店舗販売を始める話題が載っていました。

　それによりますと、全国の商店街から出資を募り、「商店街ネットワーク」

といった名称の会社を作るのだそうです。インターネットを活用して、加盟した商店街の間で特産物を流通させ、各々の商店で売ります。全国の特産物が地元の商店で買えるようになるわけです。

この記事だけでは、マーケティングも物流もどうなるのかよくわかりませんが、少なくとも商店街の活性化にはなりそうな気がします。

面白いのは新会社の社長になる予定なのが、木下斉さんという早稲田大学高等学院に通う高校生だということです。木下さんが早稲田商店会の商店街再生運動に参加していた縁で、白羽の矢が立ったといいます。「環境や福祉などの活動支援もできそうだ」という理由で引き受けたということでした。

新会社の会長になる早稲田商店会会長の安井潤一郎さんが「六年後に上場だ」と意気込んでいるのに対して、木下さんは「地域活動の支援だから足が出ない程度でいい」と言っているそうです。失礼ながら話題性を考えての高校生社長起用のようにも思えますが、この高校生社長の発言から判断して案外うまくやっていけそうでもあります。

コンセプトの「有店舗による無店舗販売」は、私が言っている有店舗インターネットショッピングに近いものではないでしょうか。ある商店街に住んでいる人たちにとっては、別の商店街の特産物を買うときには無店舗販売と同じです。ところが実際は自分のところの商店で買う（受け取る）ことになります。これをもし、全国の商店街が一つになって巨大な商店街ができた、と捉えれば、完全な有店舗インターネットショッピングです。その代わり、なるべく迅速な商店街間の物流システムが必要になります。

こういうものがどんどん生まれてくれれば、小売業全体の五割をこえるという予測は現実味を帯びてきそうです。

びっくり企画の一〇〇円ショップ

いつどんな時代にも、必ず伸びている会社というのはあります。私がいま情報革命への対応策が必要だと思っているのとはそれはまた違って、一種天才的とも言えるビジネスの仕組みを考え出す人がいるものなのです。その仕組みは必ず成功するのですから、ある意味「本物の仕組み」と言えるかもしれません。

二例だけ紹介してみようと思います。

その一つは兵庫県尼崎市に本拠のある百均ランドです。これはまぎれもなく次の時代をリードする小売業です。

一〇〇円均一の店ですが、一般のそれとはかなり趣が違います。売り上げのうち食品が六〇％です。残る二〇％が雑貨で残りはゲーム売上ということになります。

同社の下坂部店は、一〇〇円均一の店にアミューズメントがついているのです。生演奏を一日三回やっています。売場二八〇坪で、駐車場はたった四台分しかありません。それで年間売上が一一億円です。粗利率三三％、税前利益が一億五〇〇〇万円くらいあります。このやり方ですと、最初の投資が一年で回収できます。こんな効率のいい店はいまは他にありません。食品をメインにゲームで客を呼び一〇〇円均一で売るという発想が他にないから、こういう他にない店ができるわけです。

一〇〇円、あるいは一〇〇円以下の食品というのはいくらでもあるのですが、一〇〇円均一の食品をメインで売るというところまでは、なかなか考えません。しかし、それにゲーム、いわゆるアミューズメントをうまく利用したのがポイントです。これについては企業秘密ですから、ここでは詳しく説明しませんが、知りますと、その仕組みの巧妙さに誰でも感心します。もし日本がこれまでにないような大不況にでもなれば、百均ランドはむしろいまより儲かるようにも思います。

それに一〇〇円均一といっても、雑貨の一〇〇円均一の店に行くとほとんどの人がそうだと思うのですが、気がつけば別にほしいと思っていなかったものまで買っていて、五〇〇円や六〇〇円は使ってしまうものです。食品が一〇〇円だったらなおさら、という人も多いでしょう。よく考えてあります。

私は百均ランドに、ご飯を売ったらどうですか、と提案しました。一皿一〇〇円の惣菜をズラッと並べて、お店の二階や三階に一〇〇坪か二〇〇坪の食堂を作れば、きっと人気になると思います。その場にものがあるというのは強いのです。パン類も一〇〇円で売れます。マクドナルドのハンバーガーは二個で二〇〇円しませんから、一〇〇円とはいえあのぐらいの味とボリュームの調理パンはできるはずです。そうすれば一〇〇円レストランが誕生します。

すぐに始めるような勢いで「検討してみます」と社長が言っていましたから、この本が出版されるころにはもうできているかもしれません。

百均ランドで参考にすべきは、一〇〇円均一ショップ自体は珍らしくないのに、食品とかゲームとかいうなぜか誰も気づかなかった視点を見つけて、いち早く事業化する仕組みを作ったことです。株の世界の言葉に「人の行く裏に道あり　花の道」というのがあります。自分では常識的すぎて見過ごしていたビジネス手法のほんの近くに、あなたの人生を一変させるような「花の道」が通っていることもある。ひとつ改めて探してみるのもいいかと思います。

有店舗宅配の視点から

百均ランドのユニークな商法にも感心しますが、オーソドックスでいて新しい事業展開である点、いま最も注目すべきはスーパーサンシ株式会社です。トップは高倉護会長。基本理念に「分権と自治」を掲げています。理念に基づく分社制を実施し、スーパーサンシ本体の他に二六の独立企業からなるグループを作り上げました。分社はまだまだ続ける予定で、一〇〇社を当面の目標にしています。なぜ分権と自治かといえば、それが天理（天の理に適っていること）だからということです。高倉会長も私と同じように、世の中の仕組みや人間の在り方といったことを考えていて、非常によく話が合います。

創業は戦後すぐ（当時は協同組合三泗百貨店）で、昭和四八年（一九七三年）にスーパーサンシに改組しました。本社は四日市市ですから、ジャスコのお膝元です。他の中小スーパーが統廃合される中で、食品専門スーパーとして二七年、創業からですと五〇年にもなります。三〇年続いた事業は本物です。それを率いてきたトップも本物の人財だと思います。

時流対応型経営法によるスーパーサンシの「マーケティング」の項目は、五つ（同じものなら安く売ることができる、取引先との強い人間関係および信頼関係がある、客に近づくことができる、個別対応ができ固定化できる、効率的である）を満たし、一五社中で最高（他に二社）でした。グループ全体の売上はいま約六〇〇億円、三年後には一〇〇〇億円に達する見込みです。

スーパーサンシには、昼の一二時までに注文すれば夕方五時までに自宅に届けられるシステムが確立されています。これは有店舗宅配事業（店舗に陳列されている商品を宅配する）です。そして今度はそこに「インターネットを用いた受注システム」を取り入れ、ＬＡＤＯＮ（地域物流ネットワークシステム）という新システムを作りました。

私が提唱している有店舗インターネットショッピングの概念そのものです。

有店舗宅配についてスーパーサンシは、一五年間の無店舗販売の実績を下地に始めてから、すでに五年が経ちます。去年度はスーパーサンシ本体の売上が約三五〇億円、商圏人口約五〇万人、店舗数一二（うち宅配実施は五店舗）という条件で、四五台の宅配車が稼動し、年間一四億四〇〇〇万円を売り上げました。

現在のところ宅配実施日の店舗売上に対する宅配売上の比率は一四％です。スーパーサンシでは、これからインターネットショッピング時代になれば、平日の宅配売上が五〇％時代になると言っています。これに対応するシステムがＬＡＤＯＮというわけです。

インターネットショッピングの割合が五〇％になるという予測は、前述のように私もほぼ同じです。面白いのは、それをわざわざ「平日の」と断わっているところです。いくらインターネットが生活の一部になっても、休みの日くらいは外出してショッピングを楽しみたいのではないか。この考え方は正しいと思います。

地に足のついたオーソドックスな経営をする人から見ると、インターネットは無視できない販促ツールには違いないが、人間は人間であって変わらないということです。つまりバランス感覚が働らくのです。時流と原則とをきちんと押さえています。

究極の小売業が見えてきた

ＬＡＤＯＮとはまた別に、高倉会長の許で興味深い試みが始められています。「まだ私の道楽みたいなもの」だと言っていますが、もう十分にビジネスとして成り立っていますから、本格的に事業化したら小売業の人たちは少なからず衝撃を受けるはずです。

それは「お客様の欲しいものを何でも売る」小売業です。

いまある小売業は、すべて「こちらが売りたいもの」をお客さんに売っています。食堂やレストランにメニューがあるのと同じように、陳列した商品、広告チラシなどで「これを買ってください」と訴えているわけです。それをまったく逆転して、お客さんが欲しいと言ったものなら何でも探してきて届ける小売業ができないか、と考えたのです。本来これは、とても商売としては成り立たないとされてきたもので、理想ではあっても誰一人として本気でやろうとは考えませんでした。

それこそインターネットの登場で、その可能性が見えてきたのかもしれません。楽天市場のテナント数が膨大にふくれ上ったと仮定してみると、お客さんの欲しいものが一〇〇％近くインターネット上にあるという状態は作れそうです。しかし、これは無店舗インターネットショッピングということになります。対して高倉会長は、どうやらこれを有店舗でやろうとしているようなのです。

具体的には、いま「御用代行サービス」と呼んでやり始めています。

スーパーサンシの「お客様係」が消費者を個別訪問し、注文を聞きます。本や雑誌、化粧品、薬、タオル、下着、靴下、健康食品……、何でもＯＫです。物品だけでなく、役所への諸届けなどの代行も引き受けています。

お客様係は携帯用のデータベースと、無線のインターネットを持ち歩いています。お客様係は注文を受けると在庫確認や本部への連絡を、この二つのデジタル機器で行います。商品は本部から在宅勤務のお客様係のところへ届けられ、それをお客様係が自分のテリトリー内の消費者に届けるわけです。

料金（代行料）は一回一〇〇円。うち半分の五〇円がお客様係の収入となります。粗利の半分が収入になるのは、実はコンビニエンスストアと同じです。

先に、コンビニが生きる道は便利屋兼個人秘書業しかない、と書きました。その具体化された姿がここにあります。

便利屋兼個人秘書業とは、全面的個別対応のできる仕組みがあるということです。私は一〇年ほど前から「これからは全面的個別対応が求められるようになる」と言ってきました。消費者一人一人のそれぞれ違った需要にすべて応えることで、「この会社は私専用の会社ではないのか」と錯覚させるまでのサービスをできるようにするのです。これはもう究極の小売業と言っていいと思います。

お客様代行サービスのポイントは、どんなものでも届けられること。しかもスピーディに届けられることです。

何でも届けられる、についてはスーパーサンシグループの二六分社が活躍します。二六社の中には、貿易、コンピュータ、大型酒類販売店、書籍・ドラッグ、ファンシー雑貨、機械設備リース……その他と実に多彩です。当面の目標の一〇〇社になれば、グループ内でほとんどのものが調達できるようになるのではないかと思われます。

これは有店舗インターネットショッピングに移行していっても、十分に耐えられるシステムです。もうすぐ、音声認識などができてお年寄までインターネットを使いこなすようになりますから、すぐにそうなるでしょう。しかし高倉会長は、そうなっても何らかの形でお客様係は残すのではないかと思います。つまりハイタッチです。スーパーサンシというブランドと、常に消費者に近づきたいと願う気持が生むハイタッチは、インターネットショッピングに欠かせない要素だとは、高倉会長も気づいています。

二つ目のスピーディなお届けというのは、先のＬＡＤＯＮがあることで説明としては十分だと思います。

老舗スーパーでもあるサンシは、地道な努力によって①店舗ネットワーク、②物流ネットワーク、③情報ネットワーク、④ヒューマンネットワークの四つをしっかりと構築してきました。これがあるから、有店舗インターネットショッピングなどにも、そのまま対応できるのです。

アマゾン・ドット・コムや、日本の楽天市場などにはそれがありません。やはり、十分な地力をつちかったところが、結局は強いのだと思います。ただ、マスメディアにはなばなしく登場しないのがサンシの特性です。

ところで、先の百均ランドは、おそらくインターネットショッピングには関係ないはずです。一〇〇円の商品を買うなら、インターネットでも買えないことはありませんが、やはりこちらは来店してもらう商売になります。対してスーパーサンシとなると、どうしてもインターネットショッピングに対応せざるをえない。このあたり、とても重要な示唆が含まれているようで、これからの小売業を考えるのに大いに参考になります。

情報革命への対応をどうするか

いよいよ第六章も終りに近づいてきました。続いて情報革命への対応策に入ります。

私はインターネットについては、二年ほど前まで、さして興味がありませんでした。流通業との関係から考えてさえ、あまりよい変化ではない、と思っていたくらいです。しかし、いまはインターネット関連ビジネスへの対応はどうしても必要だ、と認めています。私の特性は、勉強を始めるとたちまち詳しくなることですから、周りからは突然〝宗旨変え〟したように見えるようです。

実際、私のところにIT関連事業のプランを持ち込んだ船井総研の若手社員は、私があっさりとGOサインを出したものですから、ずいぶん驚いていました。「会長はインターネット嫌いだから会社の片隅でほそぼそとやらせてもらおう」と思っていたのだそうです。

いまではそのプランを考えた社員を常務にして、新会社がスタートしています。それは船井総研の顧客のみなさんの情報革命対策として設立した会社です。船井情報システムズ（ＦＩＳ）と命名しました。

《船井情報システムズ》

通称ＦＩＳ。東京本社＝東京都港区芝三－四－一一　芝シティビル／ＴＥＬ〇三－五四四四－二二七一／ＦＡＸ〇三－五二三三－九一五五。（ＵＲＬ＝http://www.e271.co.jp）

ＦＩＳの事業領域は二つあります。まず一つめは、みなさんのＩＴ化対応をお手伝いすることです。そしてふたつめは、ＩＴを駆使して、経営情報や経営コンサルティングサービスを効率的に提供することです。そのために「ｅ２７１(イー・フナイ)」というサイトを立ち上げました。この「ｅ２７１」について、ここで少し触れておきます。

ｅ２７１のコンセプトは「経営者のための情報ポータルサイト」です（ポータルは「玄関」）。たとえばヤフーなどのサイトに「経営」というキーワードで検索をかけると、四万件や五万件の情報が優劣もなにも関係なくドーッと出てきます。これでは検索するほうも、「経営」の情報を発信しているほうも、お互い暗闇の中でウロウロしているだけでいつまでたっても出合えないでいるのと同じです。つまり、検索しても役立つ情報を得るのは大変な作業になりますし、情報を発信しても誰も受けてくれない。e271ではまずこれを解決して、玄関を開けたらすぐに欲しい情報に出合えるようにします。

発信する情報は大きく分けて以下の七つです。

①船井幸雄の「経営者日記」……私が毎日、毎日特に大切だと思ったことやルール化したことを、アップ・トゥ・デイトで発信しています。ルール化とは、経営や人間としての生き方に役立つよう、その日に見つけた新たな行動指針やわかりやすい言葉で表わすことにしています。

②船井幸雄の「良書選定」……私は月に三〇冊から四〇冊、多いときには六〇冊くらいの本を読みます。その中から特に読んで役立ちそうな本を月四冊（一週間に一冊ずつ）選び、要約解説と読みどころをそえて紹介するものです。インターネットの特性を利用して、実際に書籍が注文できるようにすることも考えています。

③講演レジュメ・データベース&ダウンロード……船井総研では年間五〇〇回以上のセミナーを主催しています。そしてその度ごとにコンサルタントが最新の経営ノウハウをレジュメにまとめて、みなさんに報告してきました。このレジュメは船井流業績向上ノウハウの宝庫であるにもかかわらず、これまで体系的にデータベース化されていませんでした。これは非常にもったい

ない。そこで年間五〇〇回のセミナーから生まれた経営ノウハウを、しかも過去にさかのぼってデータベース化することにしました。

セミナーごとに整理されたレジュメを、ここからダウンロードできるようにしてあります。

④最新経営トピックス……船井総研以外の専門の先生方とともに、経営に関する重要情報を流していきます。船井総研の得意フィールドだけでなく、それこそIT産業に関するもの（たとえば「ショッピング・モールの作り方」など）から、事業継承、相続対策、公的資金活用術といったものまで幅広く扱います。

ここにはインターネットのインタラクティブ機能（双方向性）を生かして、「ネット経営相談」のコーナーを設けました。自分が相談したい専門家の先生と、web上でやりとりできる仕組みになっています。メールではなく、全てID、パスワードで管理された専用のブラウザ上でのやりとりになりますので、公にしたくない相談も安心してできるようになっています（この部分の課金については直接FISに問い合わせてください）。

⑤webセミナー……毎月一人ずつ交代でゲスト講師に登場願い、ウェブ上でセミナーを開いてもらいます。

⑥**会員掲示板**……インタラクティブ機能を利用しての会員同士のコミュニケーションスペースです。たとえば、新しいビジネスを立ち上げたいとある会員の方が情報発信して、それを見た別の方が「じゃあ一緒にやろう」と答えたり、そういうこともできます。

⑦**会員企業プロフィール紹介**……e271に登録してくださった会員企業のプロフィール紹介を行うページです。自社のPRなどに活用いただこうと思い、設置しました。

⑥⑦でわかりますように「e271」は会員制です（毎月三〇〇〇円）。たとえば楽天市場が一か月四五〇万ヒットですとか、ヤフーでは数千万ですとか、ヒット数の競争みたいになっていますが、e271ではそちらの方向は考えないようにと言ってあります。会員が一万人なら一万人でいいですから、みんなが顔を知っている同士のサイトにして、情報の信頼度を落とさない形でネットワークを築いていくつもりです（URL＝http://www.e271.co.jp）。それでも、あっというまに一万人以上の会員はできそうです。

情報革命対策の一助にFISを利用していただくといいのではないかと思います。

本物探しが急務になった

最後は、本物化の研究プロジェクトを立ち上げていただきたい、ということです。これはぜひとも実行に移すことをお勧めします。

本物主義時代には、本物技術による本物の商品でなければ通用しません。本物の研究をいま始めることは、本物主義時代のあなたの会社の主力づくりに通じます。いまのウチの主力も本物だという方も、それだけで安心しているより、もう一つ上の本物を見つけるつもりで取り組んでほしいのです。

私はこちらのほうが、むしろ情報革命対策よりも今後のために重要だと考えています。

というのは、ＩＴというのは読んで字のごとく「情報」の「技術」です。この技術は本物技術と私が言うときとは違って、ツール（道具、手段）に近いような気がしてなりません。いまは新しく見えてもしょせんツールで、みんなが使いこなすようになれば、誰にとっても当然のことになるのです。しかも、あっという間に誰もが使いこなすようになるでしょう。つまりＩＴでは差がつかなくなります。結局は、人間というアナロジーなもの、本物という世のため人のためになるものを主力にしての経営しか、選択の余地はなくなるのです。

本物については、第四章などを中心に記しましたので、ここでは一例をあげておくにとどめます。

一九八五年の筑波科学博で**ハイポニカ農法**が紹介されました。同農法では、いままでに一株から二万四〇〇〇個のトマトが実をつけています。キュウリで八〇〇〇個、ナスも六〇〇〇個まで実をつけました。この農法ならいくらでもたくさんの実をつけられます。物理的な限界に来たと判断して成長にストップをかけると、その時点から老化が始まり、枯れていくのです。成長を止めなければ、いつまでも寿命が続きます。

この農法は東大農学部出身の**野沢重雄**という人が昭和三八年に開発したものです。私はこれを見たとき、近未来には「命の調節」が可能になるかもしれないと直観しました。

このようなびっくりするような本物技術は、すでにあらゆるところで多く生まれています。ただ「資本主義の抵抗」のようなものに邪魔されて、その大半が埋もれているにすぎません。ぜひともプロジェクトチームを組み、本物を研究し、そして探し当てるための準備を始めていただきたいと思います。

ハイポニカ農法
ハイポニカ専用肥料を用いた養液耕方式の一種。年二作型が主体で、七八段で摘心する。生育期間が短く定植直後から高濃度管理をするため、草勢が強く、総収量が多く、比較的糖含量の多い果実を収穫できる。

野沢重雄
一九一三年東京生まれ。プラスチック製造会社協和代表取締役社長、会長を歴任。六二年からハイポニカ（水気耕栽培）に取り組み、成功。八二年に科学技術庁長官賞を受賞。「トマトの巨木の生命思想」（草柳大蔵との共著）などの著書がある。

第七章

船井幸雄がいま一番、知ってほしいこと

本書の「まとめ」として、いま多くの人にもっとも知ってほしいことを一章を設けて述べたいと思います。

（船井総研は、毎年七月上旬、幹部社員数十人を集め、一泊二日の幹部研修会を行なってきました。

今年＝二〇〇〇年の幹部研修会は、七月六日、七日に浦安ブライトンホテルで行ないました。参加者は約七〇人、全員が経営コンサルタント部門の責任者で経営コンサルタントです。

本章の原稿は、その時の私のテキスト中、公表してよいものを公開し、読者の皆さまに説明する形式で執筆したいと思います。）

上手に経営し、上手に生きる方法

これらは本書内でも、すでに説明ずみですが、「はっきりわかる時流」と「こうしたらよくなる……というコツ」の一つ以上に従えばよいのです。「はっきりわかる時流」……というのは、まちがいなくこのようになる……と判断できることです。これに従うと、「こうすればよくなるというコツや原則」に反しても、上手に経営し、上手に生きられます。また、「こうした

幹部研修会テキスト

2000年7月6日・7日　船井幸雄

1. 上手に経営し、上手に生きる方法は

① はっきりわかる時流
② こうしたらよくなる……というコツ
｝の一つ以上に従うこと

2. いま、はっきりわかる時流

(1) IT革命（去年はじめ1000万人、今年はじめ2000万人、いま2700万人、2004年はじめ7000万人の日本人がインターネットとE-MAILを楽しむ）
‖
「コンピュータ」と「通信」の融合による情報革命

①企業と個人の情報格差がなくなる
a. どこででも、誰でも同じ情報をスピーディーに入手出来る
b. 誰でも、どこからでも情報発信が出来る
（時間や空間距離がなくなり資本や組織障壁がなくなる）
「圧縮技術」と「パケット通信技術」の格段の進歩により、画像をはじめとした大量の情報を瞬時に世界中に誰でも送れ、誰でも知ることができる。

②「本物時代」が来る
経済行為は時系列的にみて
a. 存在の発表、確認　b. 商流　c. 物流　d. 金流を確立したら成り立つ。

インターネットでこのうちa.b.d.は誰でも、どこでも、出来るようになった。

要はa.が「本物」であること、そしてc.を確立すれば、一挙に商売は成功する。

└ A 本物　B 信用　C クチコミ

これらが確立すれば後はインターネットが格安でやってくれる。

ア. ITのプロに ｛①本物存在の発表・確認 ②商流 ③金流｝の設計を委嘱する。
イ. 本物をつくる
ウ. 物流を確立
エ. 信用の付与
オ. クチコミ手法をつくる

らよくなる……というコツ（原則）」に従いますと、時流に反することを行なっても、上手に経営し、上手に生きられます。

だから、この二つのうちの一つ以上に従えばよいということです。

いま、はっきりわかる時流

(1)いまの時点で、これからまちがいなく世の中を動かすだろう、しかも中心になるだろうと判断できる時流は、まずＩＴ革命です。

これは、だれも否定できません。

それはコンピュータ技術と通信技術による革命ですが、その最たるものがインターネット人口の急増といえます。

日本人一億二〇〇〇万人余中、いま二七〇〇〇万人くらいがインターネットとＥメールを利用していますが、二〇〇四年はじめには、七〇〇〇万人をこえる人々が参加すると思われます。

これは小学生以上の普通の日本人のほとんど全員が、インターネットやＥメールで情報を入手し、また情報を発信するようになるということです。しかも企業と個人などの情報格差がなくなりますし、時間や空間距離もなくなるのです。

それとともに、本物時代が来る……と私は思っています。

インターネット人口の増加は、経済行為として、急速に本物化を推進するだろうし、それは社会現象としての本物化につながると思えます。

少し説明しましょう。

経済行為は、時系列的にみて、ⓐまず経済的存在の発表と確認がいります。ⓑついで、それを商売＝経済行為として行なう流れをつくらなくてはなりません。これが「商流」です。ⓒそのつぎは、物やサービスの移動のためのシステムと、その実践力が必要になります。これが「物流」というものです。ⓓそして、さいごは決済方法ですが、これが「金流」です。

この四つのポイント中、ⓐⓑⓓの三つは、IT技術の進歩でだれでも、どこでも、できるようになりました。できない人は専門家に依頼して、できるようにしてもらえばいいのです。

前章で紹介した㈱船井情報システムズ……はそのためのITのプロたちによって運営される会社で、いつでも依頼者にとってベストの方法の設計をし、コンサルティングするのも、大きな目的としています。

ここで問題はⓐの経済的存在が「本物」でなければならなくなるだろう……

ということです。なぜならば、後で述べますように、いま本物が続出中で、それらがインターネットやEメールを通じて、「あっという間」に告知される時代になったからです。

ⓐの「本物の確認」は、多分、信用やクチコミによると思えます。

それは、ハイタッチを必要条件とするかもしれません。

それらとともにⓒである「物流」の確立が、IT革命時代の企業や商売の成否の決め手になると思います。具体的には、私のテキストの（235ページ）のアイウエオを確立したら、後はインターネットが格安でやってくれるでしょう。

ITビジネスといわれる有名企業例で、これらを確立した成功例は「アスクル」「シスコシステムズ」「マイクロソフト」「ヤフー」などですし、問題例は「アマゾン・ドット・コム」や「光通信」です。「ソフトバンク」や「楽天」は今後、注目すべき企業ですが、このように分析しますと今後の方向はわかりますし、どの会社の株式を買うべきかもわかります。

(2)IT革命につぐ、はっきりわかる時流は「**本物化**」です。

①本物とはどのようなものであるか……とか、これからの経営のポイントで

⑵本物化

①本物

a．害を与えない（安心・安全）
b．老化を遅れさせるか蘇生を進める → 良いことはあるが悪いことはない
c．経済的（効率的）
d．単純で分かり易い

②「物」や「人」がからまない商売。いわゆる情報とお金だけを動かすビジネスは今後は競争が烈しく、低料金化し、経営が難しくなる。しかもこれからのビジネスでは「物」や「人」や「サービス」は本物でなければならない。

③続出する本物化の実例

①ＢＡＲの靴　0422－37－4621
②太刀川の背広　0258－32－0380
③癌の｛森　時孝さん　03－3986－5477
　　　　横内正典さん　03－5386－0205
　　　　前田華郎さん　045－651－3533
④子持自然恵農場の卵　0278－22－1105
⑤霧島高原ビール　0995－58－2535
⑥サイボクの肉　0429－89－2221
⑦モクモク手作りファーム　0595－43－2001
⑧サーフセラ（サーフセラ㈱）　03－5765－6831
⑨グラビトン実験（宝地院）　03－3560－7495
⑩豊後水道　朝開き！の魚　0972－23－0607
⑪Leda-Silma　03－3547－1200
⑫Water-Coat　0776－24－3428

④続出する本物商品の２つの特性

・Water-Coat → 屋外物保護コーティングシステム
（開発者　松井正巳さん）

⑴親水効果
⑵色褪せ防止
⑶静電気防止
⑷抗菌・消臭
⑸酸性雨防護
⑹紫外線防護
｝車両、住宅、ビル、産業機械など屋外物が、半永久的に美しく保護される
　＝
水と特殊セラミックでスーパーコーティング

・Leda-Silma → 無機ゲルマニウム加工製品
（医療用具承認番号　59Ｂ－第1167号）
（開発者　加畑雅之さん）

⑴体のあらゆる痛み
⑵こり
⑶慢性的な症状
｝に効果 → 半永久商品 → 貼ってすぐ効く → 完全無害

肩凝り、体がだるい、目のかすみ、めまい、頭痛、胸やけ
腰痛、便秘、手足のしびれ、息切れ、歯痛、ねんざ、不眠
食欲不振、耳鳴り、生理不順、更年期障害、花粉症、肥満 etc.

に悩む人は試してみる価値がある

ある「本物」でないとビジネス成りたたなくなる理由は、本書内ですでに何回も説明していますので、ここでは省略します。

②ただ、はっきりいえますのは、インターネット時代では、情報やお金だけを動かすビジネスは成りたたなくなるということです。

たいていの情報はオープンで無料になるでしょう。

お金も、サービスや何かの付加価値をつけないと、それで儲けることは不可能になると思います。

決済機能や投資、投機機能の分化も意味がなくなり、銀行や証券会社の存在意義もなくなる方に進みそうです。

だから、いま銀行や証券会社は、ネット関連やＩＴ関連のまだシステムの完成していない会社や経営の危険をはらむ中小企業に夢を画かせ、大衆をまきこむ株式公開などのギャンブル・ゲームや、ゼロサム時代を演出しなければならないのです。

すでに、リストラなどの合理化をＩＴ化で求められた実体経済を構成する「物づくり」や「物流」業界というか企業群は、メンテナンスムードに入りましたから、ゼロサムゲームといいますかギャンブルゲームのマーケットは今後、縮小するはずです。

もちろん経営者は、この流れを熟知し、上手に対処しなければなりませんが、ポイントは「物」や「人」や「サービス」の本物化しかないと思われます。

③いま、本物と本物化が続出しています。

ガンになっても、ここにあげた三人の医師などの治療法を知ると、希望が持てるようになりました。

その具体例を「ウオーター・コート」と「レダ・シルマ」で示しましたが、電話番号を書いておきましたので、読者が各自で御研究ください。

こうしたらよくなるというコツ

(1)長所伸展法をやり、その上で社内体制を、

①自由化　②一体化　③管理体制の確立

でまとめると売上が伸び、利益が出る。

(2)「人間の器量」を大きくすると「つき」が維持できる。

＝

信用され、尊敬され、影響力が強まる→「思い」が早く実現するようにな

る

(3)本物化に取り組むのが「時流」と「伸びるコツ」の決め手

まず「※自然の摂理」と「良心」に従って生き、それとともに、本物や本物の人と付き合うこと。

※自然の摂理とは次のような特性のあるものです。

①調和しながら安定
②よいものを生み出しよりマクロに進化
③無駄なし、効率的、効果的（浪費、破壊なし）
④単純、分かり易い
⑤できるだけ不干渉
⑥ＧｉｖｅがＴａｋｅより多い

私は、どちらかといえば「時流」よりも「伸びる原則＝こうしたらよくなるというコツ」にとりくむ方が「正しい生き方」であり「正しい経営法」だ……という意見を持っています。

いまの人たちは、人間として知らねばならない大事なことをほとんど知りません。勉強してそれらを知り、それらのルールに従う方が、マネーギャン

※【人間の器量を大きくする方法】

学び、知り、ルール化し、よいことをやり、悪いことをやめ、
世のため人のためにつくすこと。これで大きくなる。

Ⅰ．成功者癖をつける

①自主癖
②学び癖
③働き癖
④素直癖
⑤プラス発想癖

Ⅱ．人財度を高める

①よい特性の活用
②差別せず大事に
③プライド
④褒め、認める
⑤勇気

Ⅲ．包み込み力＝リーダーシップ力を高める

①客観力
②受け入れる力
③活用する力
④委ねる力
⑤リスクと責任をとる力

Ⅳ．人間性を向上させる

①エゴが減る
②好きになる
③こだわらなくなる
④約束を守れるようになる
⑤自主的になる
⑥責任感が強くなる
⑦あけっぱなしになる＝（策を弄さなくなる）
⑧肯定的になる
⑨大事にするようになる
⑩人相がよくなる＝（安心させるようになる）

Ⅴ．正しい意思決定法を覚える

①迷うこと
②自信のないこと
③責任のとれないこと
④嫌なこと
⑤不得手なこと
⑥納得出来ないこと
⑦良心に反すること
⑧自然の摂理に反すること

（①〜⑧）はしてはいけない

ブルなどの時流に従うよりはよほど正しい生き方だと思うのですが、目先の金銭欲や所有欲、名誉欲、権力欲、肉体的快楽欲の追求が大事と思っているのかも知れません。ともかくこれは一私人としての私の気持ちです。

とはいえ、四〇年も経営という世界にどっぷり浸っていると、このように思うようになったのです。

(1)ところで、「こうしたらよくなるというコツ」の一つは「長所伸展法」で運をつけ、さらに①自由化　②一体化　③管理体制の確立と実行で業績を向上させることです。

この説明は本書内ですでにしていますので、そこをもう一度読んでください。

(2)運がついても、それを維持するのはむつかしいのです。「つき」を維持するには、トップ以下組織の構成員たちの「人間の器量」を大きくする以外にありません。

その意味で『人間の器量を大きくする方法』の五項目は、ぜひ知っておいてください。

本書内で説明したこともありますが、説明しなかったところも、この各項目内の諸条件を読まれたらおわかりになると思いますので、このままペンをすすめます。

(3)私が、本書内でもっとも言いたいことは、「本物化」に取りくんでほしいということだったのです。

「時流」も、「よくなるコツ」も、決め手は『本物であり本物化だ』ということを示しています。

多分、「上手に生き、正しく経営するコツ」こそ、本物志向だと思います。

それは、「正しい経営のコツ、生きるコツ」とでもいえるでしょう。

具体的には、まず「自然の摂理」と「良心」に従って生きることです。

資本主義に矛盾が続出しているのは、資本主義は「自然の摂理」に、いろんな点で反しているからです。

浪費や破壊がないと成長しない資本主義、自分の利益のためには他のすべてを否定したくなる資本主義、与えるよりも奪うことに全能力を使いたくなる資本主義、ますます複雑に、わかりにくい仕組みや法律ができる資本主義……これらは「にせ物」といっても言いすぎではありません。

近い将来、資本主義がソフトランディングし、本物時代が来るという私の主張の主根拠は、この辺にあるのです。

自分との対話

平成一一年徳間書店発行。

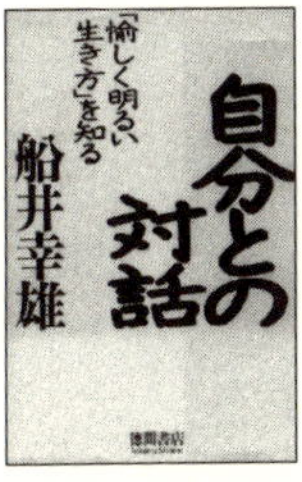

「良心」とは、「自然の摂理に従いたい」という心だと思います。そのため拙著『自分との対話』（一九九九年、徳間書店刊）を、よろしければぜひ一度、御参照ください。

なお、「自然の摂理」と「良心」に従う努力をするとともに、本物や本物の人とつき合ってほしいのです。

それが本物とは何か。どうすればいいか、おわかりいただける近道だと思います。

これで本章を終りますが、本書の総まとめだと思って、本章をお読みいただければ幸せです。

おわりに

なぜ「そごう」は倒産したのか!?

二〇〇〇年七月一二日、そごうグループが一兆八七〇〇億円の負債を抱えて、東京地裁に民事再生法の適用を申請しました。事実上の倒産です。六月三〇日に金融再生委員会は、預金保険機構が新生銀行のそごうグループ向け債権を引き取り、一部を放棄することを正式に承認しました。それから一二日後のできごとですから、その間の事情はよくわかるのですが、このニュースを聞いた瞬間は唖然としました。

七月一二日、東京商工会議所で厳しい表情で記者会見をするそごうの山田恭一社長の映像をテレビで見て、思わず涙が出てきました。

彼と私は京大農学部の同窓です。何十年も親交を重ねてきた友人でもあります。

私のつくった小売店の一番店理論※は、そごうの大阪本店が、どのように努力しても大丸の大阪本店に売上や利益で大差をつけられる現象がきっかけになって、考えつくりあげたものです。たしか、一九七二年ごろに完成した理論です。

（※これは資本主義下で、不特定客を対象とする大型小売店の出店理論としては、いままでもこれからも絶対に正しい考え方だといえると思います。）

そのころ、山田さんを通じて、そごうグループの事実上のオーナーである水島廣雄さんを知りました。それ以来、水島さんとも三〇年近く、親しくつき合ってきました。

千葉そごうの成功もあったからでしょうが、私の一番店理論は、そごうグループの「地域一番店づくり」のバックボーンとなったようにも思います。

これまで多くの経営者と付きあってきましたが、水島廣雄さんには教えられたことが多くあります。年齢を感じさせない若さ、特に記憶力には、いつもびっくりさせられつづけてきました。

つき合う人や企業についての心くばりにも、人脈の広さにも教えられるところが多々ありました。

この水島さんの失敗といえば、周りの人々が彼をカリスマ化してしまったためか、彼に忠告する人が皆無に近かったことと、他人にアドバイスを余り求めない性格だったこと、そのためか有能な部下が育ちにくかったことだと思います。

そごうグループは、その体質からみて実質的には数十万人以上の商圏人口のあるところに「地域一番店」だけを出店しておくべきだったのですが、この条件に適合しない店を十数店も出店したことと、バブル崩壊後も、日本の地価は近々に上向くだろうと考えつづけたうえでのグループの債務超過、それにトップクラスの人事の一部のミスが、今回のようなことになった最大の理由だと思います。

このことは、水島さんと親しい私や青井忠雄さん（丸井・社長）は、よくわかるので、折にふれ、時には酒に酔ったふりをして話したことが何回かはあったのでした。ところが特別に頼まれない以上、いくら親しい人にでも、干渉的なアドバイスはしないのが常識ですし、事実、できるものではなかった……このことは悔やまれるといえます。

ともかく、このように晩節を汚す形で、水島さんが世の中の表舞台から去っていかねばならなかったことは残念でなりません。

今回のそごうの条件は、小売業経営の専門家としていいますと、山田さんが社長として彼の思うとおりの再建法をとるのなら、金融機関の債権放棄があれば、九〇％くらいは予定以上のスピードで再建できたと思います。

私の知っている限り、百貨店での第一線の営業指揮官としては故人になりましたが、山中鏆さん（もと松屋、東武百貨店社長）と山田さんの二人が、ベストの人でした。

山田さんが店長として長年指揮してきたそごう神戸店、彼の方針で運営してきた徳島、広島、松山などのそごうの各店の営業実績を見れば、彼の能力は一目瞭然です。

民事再生法下で、そごうグループの今後はどうなるか？　という質問が多くきます。

山田さんも七月一三日で社長を退いたことでもあり、トップにどのような人が就任するかで、今後についてはだいたいのことがわかるように思います。

いずれにしても、そごうグループと、その従業員や関係者にとっては、これから苦難の道がはじまるのは、避けられないでしょう。

それにしても、今度のそごうの件は、世の中の大きな変化を、まとめて教えてくれました。
①地価が上向きません。時流が変ったのです。企業は、本業でかせがねばならないのです。（株価や為替などゼロサムゲームでかせごう……と思うのも、やめた方がいいようです）

②政治家や政府頼みの経営は、国民の納得が必要なので、これからは経営者が考え方を変えねばならないようです。

③マイナス面の処理は、スピーディに、かつ十分に考えてやらねばならないようです。ポイントは大衆の納得でしょう。

九五年末の住専処理で六八五〇億円の公的資金注入の時、農林系統の負担減を求める政治の圧力が、土壇場で大蔵案を一変させました。今回は、金融再生委員会と預金保険機構が「もっとも国民負担が少ない」とした決定を、世論を意識した政治家が法的整理へどんでん返しをうたせました。

政治家と行政当局は、世の中の変化をどれくらい知っているのか？　目先だけの対応では、多分、今後はニッチもサッチもいかなくなりそうです。

長銀、日債銀処理での瑕疵担保責任条項のつじつま合せは、市場の合理性を無視したものであるだけに、多分、契約を見なおさねばならなくなるでしょう。実情を知れば大衆（国民）は納得しないでしょう。責任者の一時しのぎ、責任のがれが不可能な時代に入ったようです。

④消費が上向かない中での大手小売業の出店競争は、いいかげんにやめねばなりません。

小売業界は、ＩＴ時代の小売業を目ざして、ようやく変りはじめそうです。

そごう問題で、「山田さんも大変だな」と思っていたところへ本書の校正刷りがとどきました。

七月一五日、一六日に本書の校正を終り、いま、「あとがき」を書いていますが、よい本ができたように思います。

私は、ここ数日、二〇〇人くらいの経営者から、「これから経営者として手を打っておかねばならないこと」について質問をうけました。

答えたのは、つぎの五つです。

① ＩＴ革命対策をすぐやってください。

② 本物化の研究にすぐ入ってください。

③ 成功例、本物、びっくり現象をできるだけ知り、それらから学び、体質にあうものを会得し、よいと思うことを実行してください。

④ できるだけ勉強して、客観的にも納得できる人生観、経営観を持ち、周辺の人たちに公表しておいてください。

⑤ 互助で生きる仕組みをつくって、できるだけ実行してください。

……本書をお読みのみなさまには、私がなぜこのような答えをしたかおわかりと思います。

これから大激変が来ます。しかし、マクロにみると先は、はっきり読めます。

希望にみちた二一世紀が来るようです。

たのしく、生きがいがあります。

本書が、読者の皆さまに希望と、日々楽しく正しく生きるヒントを与えることを期待し、本書「あとがき」のペンをおきたいと思います。

なお本書の内容整理につきましては、取材記者の市川尚さんとビジネス社の唐津隆さんにいろいろな面でお世話になりました。二人にあらためて感謝の意を表します。

二〇〇〇年七月一六日

船井幸雄

●著者略歴

船井幸雄（ふない・ゆきお）

1933年大阪生まれ。京都大学農林経済学科卒業。産業心理研究所研究員、日本マネジメント協会経営指導部長、理事を経て、1970年、㈱日本マーケティングセンターを設立。1985年3月、社名を㈱船井総合研究所に変更後、上場を果たし、1990年会長となる。現在、約300人の経営専門家を擁するわが国でも最大級の経営コンサルタント会社のオーナー会長。“経営指導の神様”として顧問先は約5100社におよぶ。著書に『日本はどこまで喰われ続けるのか』『日本はこれから良くなる』（共著）、『自分との対話』『21世紀は「クチコミ」と「自主性」の時代』、『躾』、『人の道』、『価値逆転』（共著）『これからは人財の時代』他多数。

経営のコツ

2000年 8月10日　　1刷発行
2000年10月20日　　2刷発行

著　者　船井幸雄
発行人　岩崎　旭
発行所　㈱ビジネス社
〒105-0014 東京都港区芝3-4-11（芝シティビル）
電話　03(5444)4761

カバーデザイン／コミュニケーション・アーツ株式会社
印刷・製本／中央印刷
〈編集担当〉唐津隆
〈営業担当〉山口健志

ISBN4-8284-0881-9